JN407053

반미 샌드위치

색다르게 즐기는 베트남식 건강 샌드위치

BÁNH MÌ ZUKAN

ⓒShibata Publishing Co., Ltd. 2019
All rights reserved.
No part of this book may be reproduced in any form without the written permission of the publisher.
Originally published in Japan in 2019 by SHIBATA PUBLISHING CO., Ltd., Tokyo

This Korean edition is published by arrangement with Shibata Publishing Co., Ltd.,
Tokyo in care of Tuttle-Mori Agency, Inc., Tokyo through Danny Hong Agency, Seoul.

SUPERVISION : YUMIKO ADACHI
PHOTOGRAPHY : HARUKO AMAGATA
DESIGN : SATO YANAI
COVERAGE COOPERATION : YOKO NAKANO
EDITING : MIKI INOUE

이 책의 한국어판 저작권은 대니홍 에이전시를 통한 저작권사와의 독점 계약으로 (주)북핀에 있습니다.
저작권법에 의해 한국 내에서 보호를 받는 저작물이므로 무단전재와 복제를 금합니다.

반미 샌드위치

색다르게 즐기는 베트남식 건강 샌드위치

시바타 출판 편저 | **아다치 유미코** 감수

북핀

Welcome to New Sandwich World!

새로운 샌드위치, 반미의 세계에 오신 걸 환영합니다.

베트남식 샌드위치를 이르는 말로 흔히 사용되는 '반미'라는 이름은 본래 베트남어로 '빵'을 의미하는 단어입니다. 프랑스 식민지 시절에 전해진 프랑스빵(프랑스식 바게트)이 베트남의 식문화에 스며들어 독자적으로 발전하게 된 것이지요.

전세계적으로 사랑받고 있는 반미는 지금도 발전을 거듭하고 있습니다. 수많은 반미를 먹어본 필자조차도 베트남을 방문할 때마다 이전에는 맛본 적 없는 새로운 반미를 만나곤 합니다.

이 책에서는 반미 전문점, 레스토랑, 베이커리의 셰프들이 베트남에서 흔히 먹는 보편적인 스타일의 샌드위치부터 속 재료를 끼우지 않는 반미, 새로운 감각으로 다시 태어난 반미에 이르기까지 새롭고 다양한 반미를 소개하고 있습니다.

반미의 가능성은 무한합니다. 이 책을 통해 반미의 매력을 느끼고 더 나아가 여러분만의 반미를 만들어보길 바랍니다.
이제 새로운 샌드위치의 세계로 떠나봅시다.

아다치 유미코(감수)

CONTENTS

Welcome to New Sandwich World! ········· 4
이 책을 시작하기 전에 ·················· 8

ABOUT BÁNH MÌ

How to make BÁNH MÌ ·················· 12
기본 재료❶ 소스와 향신료 ············· 13
기본 재료❷ 여러 가지 빵 ··············· 14
기본 재료❸ 베트남식 수제 돼지고기 햄 ····· 16
기본 재료❹ 간 파테 ··················· 18
반미의 정석, 햄과 파테 반미 ············· 20

Section 1
STANDARD STYLE BÁNH MÌ

햄과 파테×반미
미짜 반미 반미 신 짜오 ················· 24/57
베트남 햄 반미 에비스 반미 베이커리 ······· 25/53
파테와 햄 반미 아다치 유미코 ············ 25/58

돼지고기×반미
중화풍 로스트 포크 반미 베트남 샌드위치 Thao's(다오스) ··· 26/50
통삼겹살찜과 달걀 반미 반미☆샌드위치 ········· 26/47
레몬그라스 돼지 불고기 반미
베트남 샌드위치 Thao's(다오스) ············ 27/51
카피르 라임 잎을 넣은 돈가스 반미 스탠드 반미 ··· 28/62
리에트×베트남 카카오 반미 스탠드 반미 ······ 28/63
튀김 춘권 반미 에비스 반미 베이커리 ········ 29/54
사오마이 반미 아다치 유미코 ············· 29/59
토마토소스로 조린 고기 경단 반미
반미☆샌드위치 ·························· 30/48

닭고기×반미
닭고기구이 반미 반미 신 짜오 ············ 31/57
파기름으로 무친 찜닭 반미
베트남 샌드위치 Thao's(다오스) ············ 31/51
허니 레몬그라스 치킨 반미 반미☆샌드위치 ···· 32/48
오향분 로스트 치킨 반미
베트남 샌드위치 Thao's(다오스) ············ 33/52
코코넛 치킨 카레 반미 스탠드 반미 ········· 34/64

생선×반미
베트남 고등어 카레 반미 반미☆샌드위치 ····· 34/49
고등어 토마토소스 조림 반미 에비스 반미 베이커리 ··· 35/54
흰살생선 뮈니엘×레몬그라스 소스 반미 스탠드 반미 ··· 36/65
연어 콩피×자색 양배추 마리네 반미 스탠드 반미 ··· 37/66

두부×반미
레몬그라스 두부튀김 반미
베트남 샌드위치 Thao's(다오스) ············ 38/52

달걀×반미
달걀 프라이 반미 반미 신 짜오 ············ 39/56
보들보들 쑥갓 오믈렛 반미 아다치 유미코 ···· 40/60

속 재료가 없는 반미
반미 차오 아다치 유미코 ················ 41/60
비프 스튜와 반미 에비스 반미 베이커리 ······ 42/55
찐 반미 아다치 유미코 ·················· 43/61

달콤한 맛의 반미
반미 캡캠 아다치 유미코 ················ 44/61
반미 쇼콜라 아다치 유미코 ·············· 44/61
벌꿀 버터 반미 에비스 반미 베이커리 ······· 45/55

Section 2
NEW STYLE BÁNH MÌ

kitchen.(키친)
그릴 치킨 반미 …………………………… 75/80
튀김 채소, 그린 처트니와 크림치즈 반미 …… 76/81
야키소바 반미 …………………………… 77/82
타마린드 참치 마요 반미 ………………… 78/82
두부와 토마토소스 반미 ………………… 79/83

Ăn Đi(앤디)
이시카리 나베×반미 ……………………… 85/90
야나가와 나베×반미 ……………………… 86/91
호쿠리쿠 지방의 발효 문화×반미 ………… 87/92
말고기 육회 반미 ………………………… 88/92
고야 참푸루 반미 ………………………… 89/93

chioben(치오벤)
2종 춘권 반미 …………………………… 95/100
닭고기 흑초 조림+닭고기 흑초 파테+당근 라페+고수 … 96/101
무말랭이와 빨간 무 쏨땀+새우 페이스트로 버무린 튀긴 찰떡 …… 97/101
호박 검은깨 무침+튀긴 돼지고기 ………… 98/102
새우회+코리앤더 소스+만백유 …………… 99/103

팔러 에코다
정어리와 감자 반미 ……………………… 105/110
새우와 빨간 무 마리네 반미 ……………… 106/111
레몬그라스가 들어간 살시챠와 크레송 반미 …… 107/112
소고기, 쑥갓, 달걀 프라이 반미 ………… 108/112
바삭바삭 돼지 소금구이 반미 …………… 109/113

긴자 록 피쉬
찹쌀떡 치즈 반미 ………………………… 115
구운 카레빵 반미 ………………………… 116
어묵 하토시 반미 ………………………… 117
바나나와 올외장아찌 반미 ……………… 118
시바즈케 마스카르포네 반미 …………… 119
연어 통조림 향라장 반미 ………………… 119

SHOP INFORMATION
반미☆샌드위치 …………………………… 67
베트남 샌드위치 Thao's(다오스) ………… 68
에비스 반미 베이커리 …………………… 69
반미 신 짜오 ……………………………… 70
스탠드 반미 ……………………………… 71
kitchen.(키친) …………………………… 74
Ăn Đi(앤디) ……………………………… 84
chioben(치오벤) ………………………… 94
팔러 에코다 ……………………………… 104
긴자 록 피쉬 ……………………………… 114

BÁNH MÌ Column
제빵 장인이 만드는 반미용 빵 ………… 120
안짜이 문화와 반미 …………………… 121
인도차이나 반도와 프랑스빵 샌드위치 … 122

이 책을 시작하기 전에

ABOUT BÁNH MÌ에 대하여

반미를 만들기 전에 알아두어야 할 정보(기본 재료, 베트남식 수제 햄 만드는 법, 간 파테 만드는 법 등)와 더 알아두면 좋을 정보(여러 가지 빵의 종류, 정통 스타일의 반미)를 소개합니다.

Section 1에 대하여

반미 전문점 5곳과 감수를 맡은 아다치 유미코 씨의 레시피를 싣고 있습니다. 통상적으로 판매하지 않는 메뉴도 포함되어 있습니다.

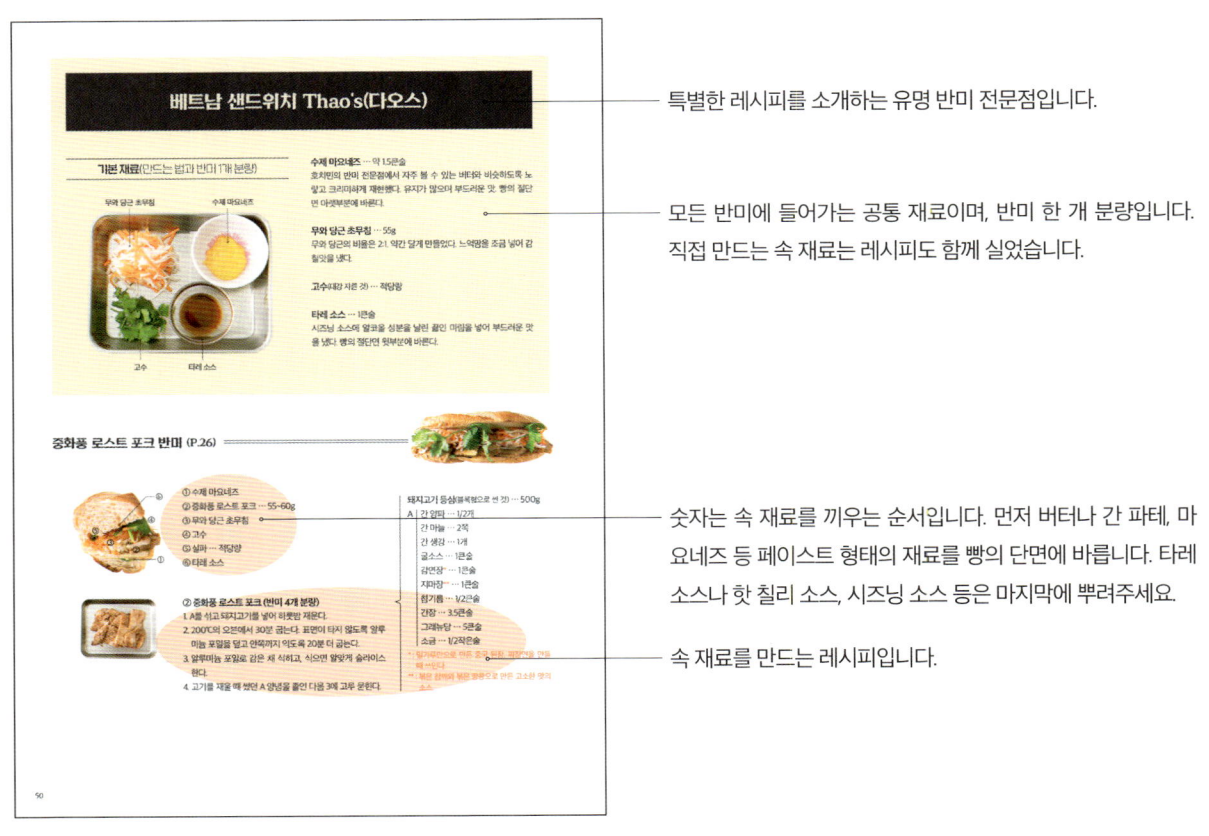

특별한 레시피를 소개하는 유명 반미 전문점입니다.

모든 반미에 들어가는 공통 재료이며, 반미 한 개 분량입니다. 직접 만드는 속 재료는 레시피도 함께 실었습니다.

숫자는 속 재료를 끼우는 순서입니다. 먼저 버터나 간 파테, 마요네즈 등 페이스트 형태의 재료를 빵의 단면에 바릅니다. 타레 소스나 핫 칠리 소스, 시즈닝 소스 등은 마지막에 뿌려주세요.

속 재료를 만드는 레시피입니다.

Section 2에 대하여

반미를 사랑하는 레스토랑, 베이커리 등 5곳의 가게에서 특별한 반미를 만들었습니다.

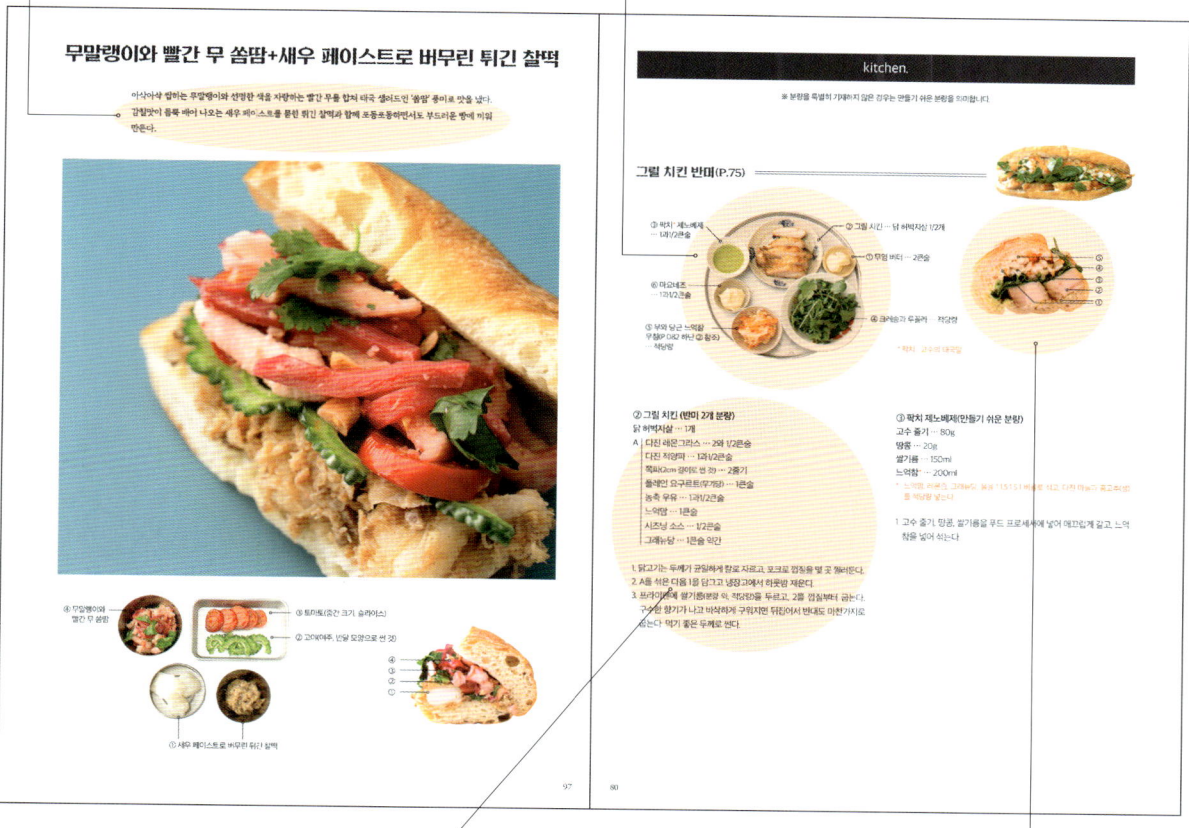

해당 반미 샌드위치를 만들게 된 아이디어나 반미 재료의 조합 등을 설명하며 간단하게 소개합니다.

반미에 들어가는 재료의 종류와 분량을 한눈에 알 수 있도록 보여줍니다.

속 재료를 만드는 레시피입니다.

숫자는 속 재료를 끼우는 순서입니다. 먼저 버터나 간 파테, 마요네즈 등 페이스트 형태의 재료를 빵의 단면에 바릅니다. 타레 소스나 핫 칠리 소스, 시즈닝 소스 등은 마지막에 뿌려주세요.

【알아두기】
- 분량 단위는 1작은술 5ml, 1큰술은 15ml, 1컵은 200ml입니다.
- 불 조절이나 조리 시간은 어디까지나 대략적인 기준입니다. 사용 기기의 화력이나 성능에 따라 조절해 주세요.
- 분량도 대략적인 기준입니다. 빵의 크기 등에 맞추어 조절해 주세요.
- 「ㅇㅇ」와 같이 꺽쇠 안에 있는 것은 회사나 가게 이름 또는 제품명입니다. 예) 「에쉬레」 「반미 신 짜오」
- 이 책에서 소개하고 있는 가게 정보는 2019년 6월을 기준으로 하며, 이후 변경될 가능성이 있습니다. 반미 가격은 2019년 6월 세율 기준으로 소비세를 포함한 금액입니다.

본격적으로 반미 샌드위치를 만들기 전에
반미 샌드위치를 만드는 과정부터,
수제 햄과 간 파테 같은 기본 속 재료 레시피,
책에서 소개되는 메뉴에 쓰인 빵까지
반미 샌드위치에 대하여 알아보자.

고수

무와 당근 초무침

수제 치슈

ABOUT BÁNH MÌ

How to make BÁNH MÌ

Step 1
빵을 살짝 데운다.

바삭하게 만들어 줍니다.

Step 2
빵에 칼집을 낸다.

안쪽까지 모두 자르지 말고 주머니 모양처럼 칼집을 내요.

Step 3
속 재료를 끼운다.

다양한 식감과 맛의 속 재료를 가장자리까지 듬뿍 채워 줍니다.

Step 4
꼭 누른 채로 베어 먹는다.

갓 만든 반미 샌드위치를 맛보세요!

기본 재료 ❶
- 소스와 향신료 -

반미 샌드위치는 반미 빵과 그 사이에 들어가는 속 재료로 이루어집니다. 가장 기본적인 속 재료로는 베트남식 수제 돼지고기 햄과 간 파테, 소스와 향신료가 있습니다. 먼저 소스와 향신료를 살펴 봅시다.

시즈닝 소스

콩으로 만든 간장(소이빈 소스). 설탕과 감칠맛 조미료가 첨가되어 있어 단맛이 나면서 걸쭉하다. 베트남산, 태국산 제품을 사용한다.

핫 칠리 소스

고추와 마늘을 끓이고 졸여서 페이스트 상태로 만들고 조미료를 더해 만든 매운 소스. 국물이 있는 국수에 넣거나 찍어 먹는 소스로 주로 사용된다. 베트남산, 태국산 제품을 사용한다.

느억맘

베트남의 생선장. 피쉬 소스라고도 불린다. 멸치 등의 작은 생선을 소금에 절여 발효시켜서 나온 웃국을 사용한다. 제조사에 따라 염도나 맛이 다르므로 사용하기 전에 맛을 보고 조절하여 사용하는 것이 좋다.

카피르 라임 잎

카피르 라임 나무의 잎으로 진한 감귤 향과 톡 쏘는 상큼한 향이 나는 동남아시아의 향신료. 태국어로는 '바이 마끄룻'이라고 한다. 이 책에서는 생으로 사용하며, 생으로 사용할 때는 가운데에 두꺼운 줄기를 제거하고 나서 다져서 쓴다. 말린 잎은 생잎에 비해 그 향미가 떨어지므로, 말린 상태로 사용할 경우 생잎을 쓸 때보다 양을 두 배 정도로 늘리고 사용 전에 미지근한 물에 담가두었다 활용하는 것이 좋다.

레몬그라스

레몬 향이 나는 새콤한 맛의 향신 허브. 요리에는 뿌리부터 20cm 정도의 부분을 사용한다. 주로 동남아시아 요리에 사용되며 산뜻한 향미를 더하고 잡냄새를 제거해준다. 잎은 허브티 등에 이용한다. 이 책에서는 생으로 사용하고 있다. 냉동 보존도 가능하다.

프라이드 어니언

보라색의 작은 양파인 태국 양파 호무덴을 튀긴 것. 일반 양파를 튀긴 프라이드 어니언과는 맛과 풍미가 전혀 다르므로 태국이나 베트남산 제품을 사용하는 것을 추천한다.

기본 재료 ❷
- 여러 가지 빵 -

반미 샌드위치는 프랑스식 바게트인 프랑스빵에 쌀가루를 넣어 보다 가볍게 만든 베트남식 바게트를 사용합니다. 가벼우면서도 쫄깃쫄깃한 맛 때문에 빵만 사서 먹기도 할 만큼 인기가 많지요. 같은 속 재료를 쓰더라도 빵에 따라 샌드위치 전체의 맛이 달라지기도 하기 때문에 '어떤 빵을 사용하는가'는 매우 중요한 부분입니다.
여기서는 이 책에서 소개된 가게에서 취급하는 여러 가지 빵을 소개합니다. 각 가게에서 고집하는 식감이나 맛에 대한 설명을 참고하여 당신만의 반미 샌드위치를 만드는 데 도움이 되길 바랍니다.

반미☆샌드위치

23.5cm

매일 각 가게에서 직접 만든다. 도톰하면서 몽실하게 부풀어 오르게 만드는데, 쌀가루 배합을 조절하여 빵 껍질에 바삭함을 더했다. 어떤 속 재료와도 잘 어울리며 빵만 먹어도 맛있다.

에비스 반미 베이커리

23cm

가게에서 직접 만든다. 타 지점으로 택배 발송도 하고 있어서 냉동해도 다시 구우면 맛있어지도록 만들었다. 밀가루는 프랑스빵용 두 종류의 준강력분과 밀가루를 섞어 사용한다. 껍질은 얇고 속은 부드러우며 결은 아주 촘촘하고 균일하다.

긴자 록 피쉬
아다치 유미코

15.5cm

동네 빵 가게가 흔히 만드는 부드러운 타입의 프랑스빵. 제조법은 해당 가게의 원래 프랑스빵 제조법과 같지만, 형태는 호치민의 반미 전문점에서 자주 볼 수 있는 빵으로 성형하여 굽고 있다.

베트남 샌드위치 Thao's(다오스)

24cm

도매 제빵소에 특별 주문한다. 껍질이 얇고 빵의 생지는 가벼우면서도 살짝 쫀득하다. 빵은 가운데 부분이 부풀어 오른 형태로 베트남 남부에서 흔히 볼 수 있는 타입이다. 베트남에서는 쿠프(Coupe, 빵에 칼집을 넣는 것)를 대부분 1개만 내지만, 이 가게에서는 가볍게 구워내기 위해 여러 개의 쿠프를 넣고 있다.

반미 신 짜오

25cm

도매 제빵소에 특별 주문한다. 필요한 수량이 많아서 쉽게 주문을 받아주는 곳이 없어 알맞은 업체를 찾아내는 데 매우 고생했다. '반미 샌드위치의 빵은 안이 부드럽고, 껍질은 바삭바삭해야 맛있다'라는 신조로 제빵 레시피를 조정하고 있다.

스탠드 반미

22cm

껍질이 얇아 잘 씹히고 속은 쫀득한 식감을 자랑한다. 살짝 단맛이 돌아서 빵만 먹어도 맛있다. 빵을 함께 판매하는 「나카메구로」의 와인 다이닝 「터번 코너」에 특별 주문하여 시행착오 끝에 완성됐다.

kitchen.(키친)

22cm

베이커리 「코듀로이」(도쿄, 미즈에)에 특별 주문한다. 공기처럼 몽실몽실하고 가벼우며, 껍질은 잘 씹히도록 만들어졌으면 해서 "정통 바게트가 아니라 '소프트 프랑스'처럼 구워주세요"(스즈키 씨)라며 발주했다고 한다.

팔러 에코다

17cm

존재감이 넘치는 두툼한 껍질로 바삭바삭 씹히는 식감과 맛이 좋은 빵. '재료 자체의 맛을 그대로 살린다'는 신념으로 효모는 직접 만든 건포도종만 아주 소량 사용한다. 장시간 발효시키고 있다.

Chioben(치오벤)

12cm

14.5cm

아다치 유미코

5.5cm

8cm

Ăn Đi(앤디)

16cm

10cm

레스토랑에 주로 납품하는 도매업체 「스타일 브레드」의 대중적인 브랜드 「Pan&」의 빵. 껍질은 얇고 안은 가벼우면서도 속 재료의 맛을 도드라지게 한다. 「발뮤다」의 스팀 토스터로 살짝 데우고 있다.

「팔러 에코다」의 브리오슈. 적당한 단맛에 촉촉하고 부드럽다. 진한 갈색으로 노릇노릇하게 구워져서 구수한 냄새가 난다. 달콤한 반미를 만들 때 제격이다.

15cm

모두 「365일」(도쿄, 요요기 공원)의 제품이다. 왼쪽 상단부터 씹히는 맛이 좋고 크기도 작은 '365일×바게트', 심플한 맛의 '365일×식빵', 촉촉한 '365일×브리오슈', 쫀득하면서도 껍질이 얇은 '100%=cent pour cent'. 모두 두 종류 이상의 밀가루를 섞어 만든 것이다.

기본 재료 ❸
- 베트남식 수제 돼지고기 햄 -

반미의 대표 속 재료인 돼지고기 햄. 베트남에서는 매끄럽게 반죽한 속 재료를 형틀에 담아 쪄서 햄을 만듭니다. 이 책에서는 베트남 북부에서 배운 직접 삶아 만드는 베트남 햄을 소개합니다.

「에비스 반미 베이커리」

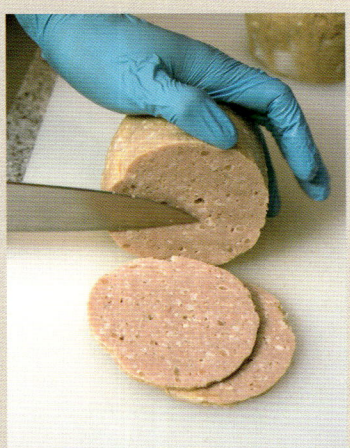

재료 : 가게의 준비량

다진 돼지 목심 … 700g
다진 돼지 뒷다리살(넓적다리 부분) … 700g
다진 돼지 등심 비계 … 600g
느억맘 … 40g
그래뉴당 … 30g
소금 … 10g
백후추 … 15g
녹말 … 30g
기름 … 30g
얼음물 … 적당량

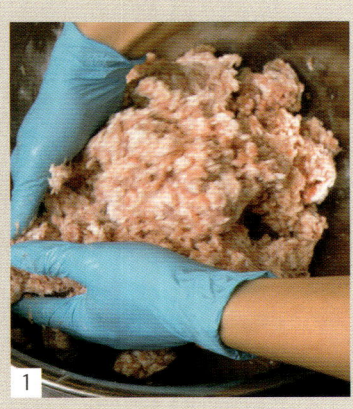

1
재료를 모두 볼에 넣고 손으로 섞는다.

2
푸드 프로세서로 옮겨 넣고, 15초 동안 돌리다 멈춘다. 고무 주걱으로 내용물을 섞어주고 다시 푸드 프로세서를 돌린다. 매끄러워질 때까지 이 과정을 반복한다.

3
얼음물 200ml을 조금씩 넣으면서 돌린다. 사진처럼 매끄러운 상태가 될 때까지 돌린다.

4
비닐봉지에 담아 평평하게 누르고 냉동한다.

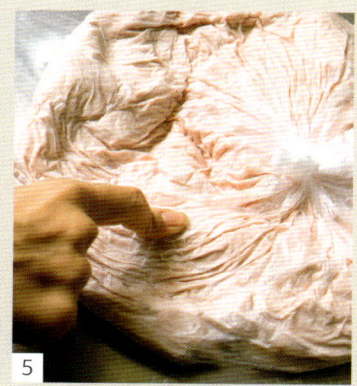
5
손가락으로 눌렀을 때 약간 탄력이 느껴질 정도의 굳기가 되면 비닐에서 꺼내 푸드 프로세서로 옮겨 담는다.

6
매끄러워질 때까지 돌린다.

7
얼음물 약 400ml를 조금씩 더하면서 사진처럼 매끄러워질 때까지 돌린다.

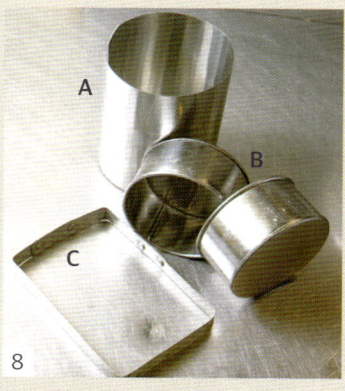
8
햄을 만들기 위한 형틀을 준비한다.

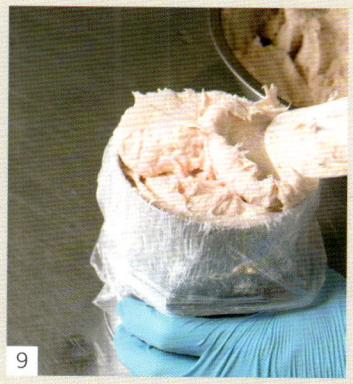
9
7 을 비닐봉지에 넣고 공기를 뺀 다음 A 통 안에 넣는다. 한쪽에 B 뚜껑을 닫고, 통의 가장자리까지 7 을 눌러 담는다.

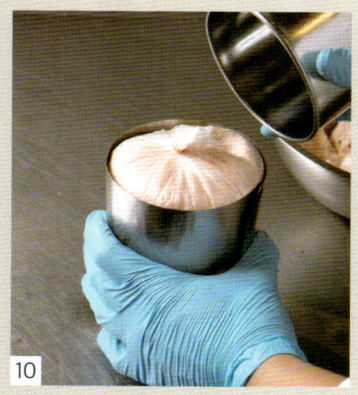
10
공기를 완전히 빼서 비닐봉지 끝을 고무줄로 묶고 남은 B 뚜껑을 덮는다. C 잠금쇠를 끼운다.

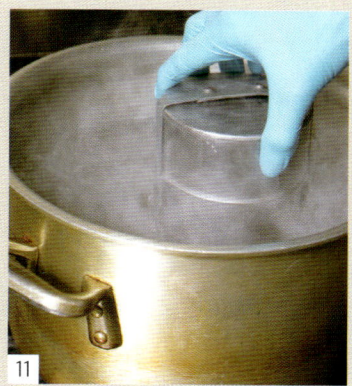
11
냄비 가득 물을 채워 끓인 다음 10 을 넣는다. 냄비 뚜껑을 닫고, 45분~1시간 정도 삶는다.

12
냄비에서 꺼내어 식힌 후 형틀에서 꺼낸다.

기본 재료 ❹
- 간 파테 -

베트남의 반미 전문점에서는 보통 간 파테를 직접 만들어 사용합니다. 주로 돼지 간을 사용하며 이 책에서는 돼지 등심 비계와 뒷다리살을 넣어 깊은 맛을 더한 레시피를 소개합니다.

「아다치 유미코」

재료 : 가로15.5×세로12×높이5cm 용기 1개 분량

프랑스빵 … 20g
우유 … 2큰술
샐러드유 … 3큰술
다진 마늘 … 2쪽
다진 양파 … 100g
돼지 간 … 100g
루아모이(베트남 쌀보드카) … 1큰술
돼지 등심 비계 … 100g
돼지 뒷다리살 … 100g
소금 … 1작은술
그래뉴당 … 1/4작은술
흑후추 … 1/2큰술
달걀 … 1/2개

1 프랑스빵을 잘게 찢는다.

2 우유를 넣고 손으로 저어 불린다.

3 프라이팬에 샐러드유를 두른 다음 양파와 마늘을 넣고 양파가 노르스름한 색이 될 때까지 잘 볶는다.

4
다른 프라이팬에 샐러드유를 두르고 돼지 간의 양면을 노릇하게 굽는다. 루아모이를 넣고 알코올 성분을 날린다.

5
돼지 간을 꺼내고 남은 국물은 따로 모아둔다.

6
돼지 간을 큼지막하게 자른다.

7
돼지 등심 비계와 뒷다리살도 마찬가지로 자른다. 푸드 프로세서에 돼지 등심 비계를 넣고 매끄러운 상태가 될 때까지 돌린 다음 돼지 뒷다리살도 넣는다.

8
매끄러운 반죽이 될 때까지 돌리고 6 을 넣는다.

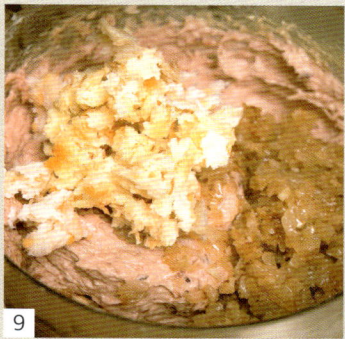
9
매끄러운 반죽이 될 때까지 돌리고 2 와 3 을 넣는다.

10
매끄러워질 때까지 돌리고 소금, 그래뉴당, 후추, 달걀, 5 의 국물을 넣는다. 내용물이 매끄러워질 때까지 돌린다.

11
오븐 페이퍼를 깐 틀에 10 을 넣고 공기가 들어가지 않도록 고루 펴준다.

12
수증기가 올라오는 찜기에 넣어 약 30분 동안 찐다. 꼬치로 찔러서 투명한 국물이 나오면 완성.

- 반미의 정석, 햄과 파테 반미 -

다양한 수제 베트남 햄을 넣어 고급스럽게

「반미☆샌드위치」

수제 햄을 네 종류나 넣어 고급스럽게 만든 반미. 다양한 맛과 식감을 한 번에 즐길 수 있는 게 매력이다. 파테는 현지의 반미 전문점에서도 가장 인기 있는 돼지 간을 사용했다. 이 반미에 끼우는 햄 종류는 차슈, 오돌오돌한 식감이 재미있는 목이버섯과 돼지 귀가 들어간 햄, 돼지 껍데기와 돼지 혀로 만든 햄, 매끄럽게 찐 햄인 짜루아, 모두 네 가지다. 이 모든 것을 직접 만든다.

짜루아 / 돼지 간 파테 / 돼지 껍데기와 돼지 혀로 만든 햄 / 목이버섯과 돼지 귀가 들어간 햄 / 차슈

베트남 햄&돼지 파테

햄은 시판으로 간편하게, 간 파테는 수제로 정성을 담아

「아다치 유미코」

베트남에서 대부분의 반미 전문점은 빵은 빵 가게에서, 햄은 햄 가게에서 들여오고 간 파테만 직접 만든다. 이런 현지 스타일을 따라 취향에 맞추어 햄을 여러 종류 사서 넣는 일반적인 레시피. 파테는 직접 만들었지만 시판되는 제품을 쓰면 더욱 쉽게 만들 수 있다.

(레시피→P.58)

간 파테 / 프로슈토 햄 / 파스트라미 / 볼로냐소시지

파테와 햄 반미

수제 파테와 차슈, 그리고 시판 베트남 햄의 조합

「반미 신 짜오」

차슈와 간 파테는 직접 만들었다. 베트남 스타일답게 파테는 돼지 간으로 만들었다. 간은 우유에 담가 특유의 냄새를 제거하고, 바싹 볶은 양파와 마늘을 넣은 덕분에 누린내가 나지 않고 감칠맛 도는 파테로 완성된다. 햄은 부드럽게 찐 베트남산 햄인 짜루아를 사용했다.

(레시피→P.57)

차슈 / 간 파테 / 짜루아

미짜 반미

반미는 '끼워 먹는 빵'이라는 뜻에 걸맞게 햄, 돼지, 닭, 생선, 두부 등 여러 속 재료를 넣어 먹습니다. 그중 반미의 정석이라 할 수 있는 정통 반미는 햄과 파테가 들어간 반미입니다. 예전부터 만들어져 왔던 클래시컬한 스타일로, 베트남 어디에서나 맛볼 수 있습니다. 이 책에서 소개하는 반미 전문점의 대표 메뉴이기도 합니다. 반미 샌드위치를 직접 만들기 전에 각 가게에서 만드는 햄과 파테 반미 샌드위치를 소개하겠습니다.

베트남에서 직접 배워온 비법 햄으로 맛있게

「에비스 반미 베이커리」

수제 햄의 제조법은 맛있는 빵을 만들기 위해 수행을 갔던 베트남 북부, 빈푹성의 성도인 비잉 엔시에 자리한 생맥주 가게 주인이 가르쳐주었다. 간 파테는 베트남식 레시피 그대로 쓰면 간의 맛이 너무 진하게 나기 때문에 마늘을 사용하여 냄새를 잡고, 생크림으로 부드러움을 더하고 있다.
(레시피→P.53)

수제로 만든 찐 햄과 닭 간 파테, 돼지 귀가 들어가 오돌오돌한 햄으로

「베트남 샌드위치 Thao's(다오스)」

간 파테는 너무 강한 맛이 나지 않는 닭의 간에 돼지고기를 갈아 넣어 감칠맛을 살리면서 채소 등으로 단맛을 내고 흑후추를 뿌려 산뜻한 맛을 냈다. 햄은 매끄럽게 다진 돼지고기를 찐 '짜루아', 그리고 목이버섯, 돼지 귀, 돼지 혀 등을 볶아 전용 틀에 넣고 귀와 혀에서 나온 젤라틴이 굳어져 만들어지는 일종의 편육인 '지오투'까지 두 종류를 넣는다. 모두 직접 만들었다.

크리미한 간 파테와 테린느 틀로 만드는 햄

「스탠드 반미」

빵에는 마늘을 첨가한 아이올리 소스를 버터 대신 발라 식욕을 돋우는 향으로 베트남 요리다운 느낌을 살렸다. 파테는 닭의 간으로 만들었다. 우유에 하룻밤 재우고 볶으면서 나온 국물은 버린 다음, 내추럴 와인으로 끓여 달달하고 크리미한 맛을 더했다. 햄은 테린느 형틀에 넣고, 물을 살짝 담은 오븐 플레이트 안에 이 형틀을 넣어 찌는 방식으로 만든다.

일본 인기 반미 전문점 셰프가 알려주는
정통 베트남 스타일의 반미 레시피

고수

무와 당근 초무침

수제 차슈

Section 1

**STANDARD STYLE
BÁNH MÌ**

햄과 파테 × 반미

미짜 반미

베트남 햄, 수제 차슈와 간 파테로 속을 채우는 방식으로 베트남에서 가장 정통적이고 일반적인 구성의 반미. "베트남에서 햄이 들어간 반미를 '반미짜bánh mì chả'라고 합니다."('반미 신 짜오' 사장, 부이 탄 주이 씨) 이 반미짜의 이름을 따 '미짜 반미'라고 이름 붙였다.
(레시피→P.57)

베트남 햄 — 수제 차슈

간 파테

베트남 햄 반미

베트남 햄과 간 파테는 모두 수제로 만들었다. 햄은 베트남 북부의 가게에서 알려준 레시피로 만들고 있다. 고기에 얼음물을 넣으면서 푸드 프로세서로 갈아 페이스트 상태로 만든 다음 냉동시키고, 한 번 더 갈아주면 더욱 매끈한 상태가 된다.
(레시피→P.53)

파테와 햄 반미

간 파테는 직접 만들었다. 베트남 반미 가게에서는 일반적으로 돼지 간으로 만들며 돼지 뒷다리살과 돼지 등심 비계를 추가로 넣어 깊은 맛과 감칠맛을 더한다. 햄은 시판되는 것을 취향에 맞춰 구매하면 된다. 종류는 다양한 편이 좋다. 양념도 취향에 따라 다양하게 듬뿍 넣는다.
(레시피→P.58)

간 파테 · 수제 베트남 햄

간 파테 · 세 종류의 햄

돼지고기 × 반미

중화풍 로스트 포크 반미

등심살로 만든 로스트 포크는 감면장과 지마장, 굴소스 등이 들어가 달콤한 양념으로 재웠다. 반미에서 빠질 수 없는 실파의 매콤함과 초무침의 산미가 어우러져 조화를 이룬다.

(레시피→P.50)

통삼겹살찜과 달걀 반미

느억맘과 코코넛 주스로 조린 베트남식 통삼겹살찜에 달걀 프라이를 더해 두툼한 볼륨을 자랑하는 든든한 반미. 가장자리가 바삭바삭해질 때까지 구운 달걀 프라이와 씹는 맛이 있는 통삽겹살찜이 환상의 짝꿍이다.

(레시피→P.47)

중화풍 로스트 포크

통삼겹살찜   달걀 프라이

레몬그라스 돼지 불고기

실파

레몬그라스 돼지 불고기 반미

레몬그라스를 넣은 느억맘을 베이스로 한 소스에 고기를 재어두었다가 굽는 베트남의 대표적인 조리법으로 만들었다. 불고기 소스에서 아이디어를 얻어 강판에 간 양파를 소스에 넣었다. 고기가 부드러워지면서 단맛과 감칠맛이 배가된다.

(레시피→P.51)

돼지고기 × 반미

카피르 라임 잎을 넣은 돈가스 반미

얇게 썬 돼지고기를 포개서 튀기는 밀푀유 돈가스 고기에 카피르 라임 잎을 넣으면 근사한 향을 가진 베트남 풍미의 돈가스로 만들어진다. 오렌지의 산미가 살아 있는 소스와 카피르 라임 잎의 상큼한 감귤 향이 입안에서 톡톡 터진다.
(레시피→P.62)

리예트×베트남 카카오 반미

걸쭉하고 감칠맛 있는 발사믹 식초 소스가 포근하고 부드러운 수제 리예트를 알맞게 잡아주고, 베트남산 카카오닙스는 특유의 쌉쌀한 맛과 식감으로 악센트를 더한다. 자꾸만 와인을 마시게 하는 반미.
(레시피→P.63)

카피르 라임 잎을 넣은 돈가스

리예트

튀김 춘권 반미

채소가 들어간 돼지고기 속을 라이스 페이퍼로 말아서 튀긴 베트남식 튀김 춘권과 아삭아삭한 식감의 채 썬 생채소를 함께 프랑스 빵에 끼워 만드는 반미. 한 입 베어 물면 바삭하게 튀겨진 껍질 속에서 육즙이 폭발한다.

(레시피→P.54)

사오마이 반미

보통 '사오마이'라고 하면 다진 돼지고기 등을 만두피에 넣고 찐 중국식 만두를 떠올리지만, 여기서는 만두피로 싸지 않은 베트남식 사오마이로 반미를 만들었다. 베트남식 사오마이는 반미의 대표적인 재료 중 하나로 듬뿍 바른 마가린과 사오마이, 타레 소스가 잘 어우러진다. 밥반찬으로도 먹고, 반미와 즐길 때는 으깨서 빵에 넓게 펴 발라 먹는다. 듬뿍 바른 마가린과 사오마이, 타레 소스가 잘 어우러진다.

(레시피→P.59)

튀김 춘권

사오마이

|돼지고기 × 반미|

토마토소스로 조린 고기 경단 반미

두 종류의 파를 넣어 향이 좋은 고기 경단을 달콤하고 감칠맛 있는 토마토소스로 조려 속 재료로 넣는다. 고기 경단은 포만감과 식감을 위해 큼직큼직하고 동글게 만드는 것이 좋다. 초무침을 듬뿍 넣어 개운한 맛도 느낄 수 있도록 구성했다.
(레시피→P.48)

토마토소스로 조린 고기 경단

닭고기 × 반미

닭고기구이 반미

닭고기는 큼지막하게 썰어 느억맘을 베이스로 한 새콤달콤한 소스에 재워두고 직화구이로 노릇하게 구워 맛깔스러운 향을 입힌다. 큼지막한 닭고기 덕분에 식감도 좋고, 씹을 때마다 레몬그라스의 향이 코를 간질이는 반미.

(레시피→P.57)

파기름으로 무친 찜닭 반미

촉촉하게 쪄낸 닭고기는 살점과 껍질을 분리하여 살은 찢고 껍질은 잘게 썬다. 둘을 섞으면 감칠맛과 깊은 맛을 살릴 수 있다. 베트남의 단골 조미료인 파기름이 느억맘과 어우러져 좋은 향을 낸다. 개운한 맛으로 만족감이 높은 반미.

(레시피→P.51)

닭고기구이

파기름으로 무친 찜닭

닭고기 × 반미

허니 레몬그라스 치킨 반미

레몬그라스와 카피르 라임 잎을 넣어 상큼한 향의 로스트 치킨. 거기에 느억맘과 설탕을 넣어 새콤달콤한 소스로 맛을 낸 베트남식 데리야키 치킨이다. 표면을 노릇노릇하게 구워 고소한 향이 나게 하는 것이 포인트.
(레시피→P.48)

허니 레몬그라스 치킨

오향분 로스트 치킨 반미

베트남에는 로스트 치킨을 뜻하는 '가로티Gà rô ti'라는 이름의 요리가 있다. 타레 소스에 재운 닭 허벅지살을 구워 밥에 얹고 초무침을 곁들여 먹는 것인데, '밥에 어울리는 반찬은 반미에도 반드시 어울린다'라는 생각으로 만든 것이 바로 이 메뉴이다.
(레시피→P.52)

오향분 로스트 치킨

| 닭고기 × 반미

코코넛 치킨 카레 반미

방글라데시의 친구에게 배운 치킨 카레를 카레 볶음으로 변형하고 파프리카를 넣어 단맛을 더했다. 생강은 듬뿍 넣지만 향신료의 가짓수를 줄여 좀 더 심플한 맛으로 만들었다. 초무침이나 허브와도 잘 어울린다.

(레시피→P.64)

베트남 고등어 카레 반미

반미의 단골 속 재료인 고등어 토마토소스 조림에서 아이디어를 얻어 만든 고등어 카레 반미. 베트남 카레는 부드러운 향과 코코넛 밀크의 단맛이 특징이다. 고등어는 소금구이한 다음 조려서 비린내를 없앤다.

(레시피→P.49)

코코넛 치킨 카레

베트남 고등어 카레

고등어 토마토소스 조림 반미

느억맘의 맛이 밴 달콤한 토마토소스로 조린 고등어는 베트남에서 흔히 볼 수 있는 반찬으로, 흰 쌀밥과 잘 어울린다. 최근에는 이것을 속 재료로 끼운 반미도 만들어졌다. 등 푸른 생선의 감칠맛과 특유의 맛이 토마토소스와 잘 어울린다.
(레시피→P.54)

고등어 토마토소스 조림

생선 × 반미

―생선×반미

흰살생선 뮈니엘
×레몬그라스 소스 반미

흰살생선의 담백함을 레몬그라스의 향과 올리브유의 감칠맛이 배어든 소스가 돋우어준다. 여러 버섯을 넣어 만들어 본 결과, 흰살생선의 풍미를 가리지 않는 만가닥버섯을 소테로 만들고 곁들여 최상의 맛을 자아내도록 했다. 새싹 채소의 부드러운 식감이 흰살생선의 보들보들한 식감과 잘 어울린다.
(레시피→P.65)

흰살생선 뮈니엘

연어 콩피
×자색 양배추 마리네 반미

저온에서 콩피로 만든 연어는 농후한 맛이 난다. 자색 양배추로 만든 마리네가 전체적으로 맛을 잡아주며, 메이플 시럽으로 부드러운 단맛을 낸 땅콩 소스가 순한 감칠맛을 더한다. 마리네와 땅콩 소스에는 아주 적은 양의 남플라를 넣어 악센트를 줬다.
(레시피→P.66)

연어 콩피

두부 × 반미

레몬그라스 두부튀김 반미

바삭한 두부튀김에 아삭아삭한 레몬그라스를 곁들여 식감을 살린 볶음 요리를 속 재료로 넣었다. 베트남에서 흔히 먹는 밥 반찬이며 닭고기로 만들어도 맛있다. 두툼한 두부튀김을 사용한 이 반미는 채식주의자들에게도 호평을 받고 있다.
(레시피→P.52)

레몬그라스 두부튀김

달걀 × 반미

달걀 프라이 반미

진한 감칠맛을 품은 타레 소스가 바삭바삭하게 구운 달걀 프라이의 부드러운 맛을 돋보이게 한다. 돼지 간으로 만든 파테는 볶은 양파와 마늘을 넣어 깊은 맛을 제대로 살렸으며 달걀 프라이와 잘 어울린다.
(레시피→P.56)

달걀 프라이

|달걀 × 반미

보들보들 쑥갓 오믈렛 반미

하노이의 길거리에서 맛보았던 쑥이 들어간 오믈렛 반미의 맛을 잊을 수 없어 쑥갓으로 재현해 보았다. 쑥갓의 쌉싸름함과 달걀의 부드러움, 칠리 소스의 매콤함이 어우러져서 두 개고 세 개고 계속 먹고 싶어진다. 갓 구운 보들보들한 오믈렛을 끼워 바로 먹는 것을 추천한다.

(레시피→P.60)

쑥갓 오믈렛

반미 차오

보통 반미라고 하면 샌드위치를 가리키는 것으로 생각하기 쉽지만, 빵과 함께 먹는 요리를 뜻하기도 한다. 반미 차오는 철판 요리에 프랑스빵을 곁들인 메뉴로, 빵을 잘게 찢어 철판 요리 속 국물에 찍어 먹어도 맛있다.

(레시피→P.60)

속 재료가 없는 반미

비프 스튜와 반미

프랑스의 식민지였던 베트남에서 비프 스튜는 친숙한 요리다. 프랑스와 마찬가지로 빵을 곁들여 먹으며, 빵의 껍질이 얇고 속이 보드라워서 스튜 소스를 잘 흡수한다.

(레시피→P.55)

속 재료가 없는 반미

찐 반미

딱딱하게 굳은 프랑스빵을 찌고, 돼지고기 소보로와 파기름을 얹은 가벼운 베트남 요리. 푹 쪄서 말랑해진 프랑스빵과 새콤달콤한 고기 소보로가 잘 어울린다. 좋아하는 허브와 초무침 등을 얹고, 적상추로 감아 매콤하면서도 새콤한 타레 소스를 찍어 먹어도 좋다.

(레시피→P.61)

반미 캡캠과 반미 쇼콜라

달콤한 반미도 즐겨보자. 「팔러 에코다」의 큼지막한 브리오슈에 아이스크림과 초콜릿을 끼운 두 종류의 반미를 소개한다. 반미 캡캠은 아이스크림 위에 연유를 뿌려 단맛과 감칠맛을 더하고 바삭바삭한 땅콩을 얹었다. 반미 쇼콜라는 베트남산 초콜릿을 사용하고 에쉬레 버터를 아낌없이 곁들인 다음 그래뉴당을 뿌려 더욱 풍부한 맛을 냈다.
(레시피→P.61)

달콤한 반미

벌꿀 버터 반미

베트남에서는 숯불로 닭고기를 굽는 포장마차를 흔히 볼 수 있는데, 이 반미는 그런 포장마차에서 쉽게 맛볼 수 있는 메뉴다. 프랑스빵을 뭉개서 버터와 벌꿀을 듬뿍 발라 숯불에 구운 것으로, 바삭한 식감과 고소한 버터 향, 달콤한 꿀이 어우러져 중독적인 맛이다.

(레시피→P.55)

유명 반미 전문점의 **특별한 레시피를 공개합니다.**

반미☆샌드위치

통삼겹살찜과 달걀 반미 | 토마토소스로 조린 고기 경단 반미 | 허니 레몬그라스 치킨 반미 | 베트남 고등어 카레 반미

베트남 샌드위치 Thao's

중화풍 로스트 포크 반미 | 레몬그라스 돼지 불고기 반미 | 파기름으로 무친 찜닭 반미 | 오향분 로스트 치킨 반미 | 레몬그라스 두부튀김 반미

에비스 반미 베이커리

베트남 햄 반미 | 튀김 춘권 반미 | 고등어 토마토소스 조림 반미 | 비프 스튜와 반미 | 벌꿀 버터 반미

반미 신 짜오

미짜 반미 | 닭고기구이 반미 | 달걀 프라이 반미

아다치 유미코

파테와 햄 반미 | 사오마이 반미 | 보들보들 쑥갓 오믈렛 반미 | 반미 차오 | 찐 반미 | 반미 캡캠과 반미 쇼콜라

스탠드 반미

카피르 라임 잎을 넣은 돈가스 반미 | 리예트×베트남 카카오 반미 | 코코넛 치킨 카레 반미 | 흰살생선 뮈니엘×레몬그라스 소스 반미 | 연어 콩피×자색 양배추 마리네 반미

반미☆샌드위치

기본 재료 (만드는 법과 반미 1개 분량)

- 수제 마요네즈
- 무와 당근 초무침
- 무염 버터
- 시즈닝 소스
- 고수

무염 버터 … 약 1.5큰술
빵 절단면의 아랫면에 바른다.

수제 마요네즈 … 약 1.5큰술
산미를 줄인 부드러운 맛으로 만든 것. 빵 절단면의 윗면에 바른다.

무와 당근 초무침 … 적당량
무와 당근 각각 100g은 잘게 썰고 설탕 80g을 뿌려 잘 주물러둔다. 수분이 배어 나오면 채소의 물기를 잘 짜낸 다음, 식초 100g과 소금 2g을 넣어 15~20분 정도 절인다. 체에 걸러 물기를 제거한다. 단맛과 산미가 적당하게 섞인 맛으로 완성.

고수 (대강 자른 것) … 적당량

시즈닝 소스 … 적당량
마지막에 전체적으로 뿌린다.

통삼겹살찜과 달걀 반미 (P.26)

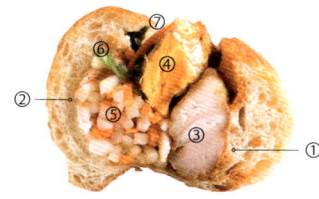

① 무염 버터
② 수제 마요네즈
③ 통삼겹살찜 … 5~6조각
④ 달걀 프라이 … 달걀 2개
⑤ 무와 당근 초무침
⑥ 고수
⑦ 시즈닝 소스

③ 통삼겹살찜 (반미 5개 분량)

1. 냄비에 그래뉴당 절반을 넣고 가열하여 녹이면서 캐러멜 상태로 만든다.
2. A와 남은 그래뉴당을 넣어 한소끔 끓인다.
3. 한입 크기로 자른 돼지 삼겹살을 넣고 한소끔 보글보글 끓인다. 약불로 30분 정도 끓인 다음 강불로 바꾸어 국물이 고기에 배어들 때까지 바짝 졸인다.

그래뉴당 … 40g
A │ 코코넛 주스 … 1/2캔(175ml)
　│ 다진 마늘 … 2쪽
　│ 느억맘 … 1과 1/2큰술
　│ 흑후추(굵게 간 것) … 1/2작은술
돼지 삼겹살(덩어리) … 400g

토마토소스로 조린 고기 경단 반미 (P.30)

① 무염 버터
② 수제 마요네즈
③ 토마토소스로 조린 고기 경단 … 4개
④ 무와 당근 초무침
⑤ 고수
⑥ 시즈닝 소스

다진 돼지고기 … 250g	
A	다진 마늘 … 3쪽
	시즈닝 소스 … 1과 1/2큰술
	느억맘 … 1작은술
	그래뉴당 … 1과 1/2큰술
	흑후추(굵은 것) … 1/2작은술
B	다진 양파 … 1/2개
	실파(곱게썰기 한 것) … 1/3묶음
C	다진 마늘 … 1/2작은술
	샐러드유 … 적당량
D	홀 토마토 … 1/2캔
	느억맘 … 1작은술
	그래뉴당 … 1작은술
	물 … 150ml
녹말물 … 적당량	

③ 토마토소스로 조린 고기 경단 (반미 3개 분량)

1. A를 섞고 다진 돼지고기도 넣어 섞는다. B를 더하여 잘 섞은 다음 30g씩 둥글린다.
2. 냄비에 C를 넣어 볶고 향이 나기 시작하면 D를 넣어 보글보글 끓인다.
3. 2에 1을 넣고 한소끔 끓인 다음, 약불로 바꾸어 약 20분 정도 끓이고 녹말물을 넣어 걸쭉하게 만든다.

허니 레몬그라스 치킨 반미 (P.32)

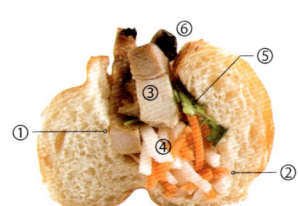

① 무염 버터
② 수제 마요네즈
③ 허니 레몬그라스 치킨 … 닭 허벅지살 1/2개
④ 무와 당근 초무침
⑤ 고수
⑥ 시즈닝 소스

닭 허벅지살 … 큰 것 2개(600g)	
A	다진 레몬그라스 … 1줄기
	다진 마늘 … 1쪽
	다진 카피르 라임 잎* … 1장
	느억맘 … 1.5큰술
	요리용 술 … 1작은술
	벌꿀 … 2작은술
	흑후추(굵은 것) … 소량

* : 줄기를 떼고 잘게 다진다.

③ 허니 레몬그라스 치킨 (반미 4개 분량)

1. A를 섞고 닭 허벅지살을 약 1시간 동안 재워둔다.
2. 250℃의 오븐에서 닭 껍질을 위쪽으로 하여 약 15분 굽고, 오븐 플레이트의 앞뒤를 바꾸어 12분 더 굽는다.

베트남 고등어 카레 반미 (P.34)

① 무염 버터
② 수제 마요네즈
③ 베트남 고등어 카레 … 적당량
④ 무와 당근 초무침
⑤ 고수
⑥ 시즈닝 소스

③ 베트남 고등어 카레 (반미 4개 분량)
1. 고등어는 석장 뜨기*하여 살을 발라내고 소금(분량 외)을 뿌린 다음, 그릴에서 가볍게 굽는다.
2. A를 샐러드유(분량 외)로 볶고, 숨이 죽으면 B를 넣어 더 볶는다. 코코넛 밀크를 넣고 약불로 10분간 끓인다.
3. 1을 넣고 국물이 없어질 때까지 조린다.

* : 생선 뼈를 중심으로 양쪽 살만 발라내는 방법.

고등어 … 1마리
A | 다진 레몬그라스 … 20g
　| 양파 … 200g
　| 마늘 … 20g
　| 다진 생강 … 10g
B | 카레 분말(베트남산) … 1/2큰술
　| 느억맘 … 1과1/3큰술
　| 그래뉴당 … 1과1/3큰술
코코넛 밀크 … 1캔(400ml)

베트남 샌드위치 Thao's(다오스)

기본 재료 (만드는 법과 반미 1개 분량)

수제 마요네즈 … 약 1.5큰술
호치민의 반미 전문점에서 자주 볼 수 있는 버터와 비슷하도록 노랗고 크리미하게 재현했다. 유지가 많으며 부드러운 맛. 빵의 절단면 아랫부분에 바른다.

무와 당근 초무침 … 55g
무와 당근의 비율은 2:1. 약간 달게 만들었다. 느억맘을 조금 넣어 감칠맛을 냈다.

고수(대강 자른 것) … 적당량

타레 소스 … 1큰술
시즈닝 소스에 알코올 성분을 날린 끓인 미림을 넣어 부드러운 맛을 냈다. 빵의 절단면 윗부분에 바른다.

중화풍 로스트 포크 반미 (P.26)

① 수제 마요네즈
② 중화풍 로스트 포크 … 55~60g
③ 무와 당근 초무침
④ 고수
⑤ 실파 … 적당량
⑥ 타레 소스

돼지고기 등심(블록형으로 썬 것) … 500g
A │ 간 양파 … 1/2개
　│ 간 마늘 … 2쪽
　│ 간 생강 … 1개
　│ 굴소스 … 1큰술
　│ 감면장* … 1큰술
　│ 지마장** … 1큰술
　│ 참기름 … 1/2큰술
　│ 간장 … 3.5큰술
　│ 그래뉴당 … 5큰술
　│ 소금 … 1/2작은술

*: 밀가루만으로 만든 중국 된장. 짜장면을 만들 때 쓰인다.
**: 볶은 참깨와 볶은 땅콩으로 만든 고소한 맛의 소스

② 중화풍 로스트 포크 (반미 4개 분량)
1. A를 섞고 돼지고기를 넣어 하룻밤 재운다.
2. 200℃의 오븐에서 30분 굽는다. 표면이 타지 않도록 알루미늄 포일을 덮고 안쪽까지 익도록 20분 더 굽는다.
3. 알루미늄 포일로 감은 채 식히고, 식으면 알맞게 슬라이스 한다.
4. 고기를 재울 때 썼던 A 양념을 졸인 다음 3에 고루 묻힌다.

레몬그라스 돼지 불고기 반미 (P.27)

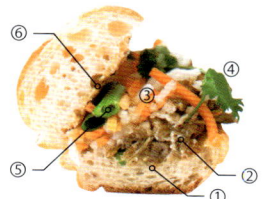

① 수제 마요네즈
② 레몬그라스 돼지 불고기 … 55~60g
③ 무와 당근 초무침
④ 고수
⑤ 실파 … 적당량
⑥ 타레 소스

돼지고기 삽겹살(슬라이스) … 500g
A │ 다진 레몬그라스 … 2줄기
　│ 양파* … 1개
　│ 다진 마늘 … 5쪽
　│ 느억맘 … 40g
　│ 그래뉴당 … 25g
　│ 벌꿀 … 15g

② 레몬그라스 돼지 불고기 (반미 4개 분량)
1. A를 섞고 삼겹살을 넣어 1시간 이상 재운다.
2. 약간의 기름을 넣어 레몬그라스와 마늘이 노릇하게 익고 전체적으로 윤기가 자르르 돌 때까지 볶는다.

* : 푸드 프로세서에 넣어 퓌레로 만든다.

파기름으로 무친 찜닭 반미 (P.31)

① 수제 마요네즈
② 파기름으로 무친 찜닭 … 55~60g
③ 무와 당근 초무침
④ 고수
⑤ 프라이드 어니언 … 적당량
⑥ 타레 소스

닭가슴살 … 1개
파기름* … 1큰술
느억맘 … 1/2큰술

② 파기름으로 무친 찜닭 (반미 2개 분량)
1. 닭가슴살은 속까지 익도록 약 18~19분 정도 찌고, 식힌 후에 껍질을 벗긴다. 껍질은 다지고 살은 찢어서 섞는다.
2. 파기름과 느억맘을 넣어 무친다.

* : 실파를 곱게썰기 하여 내열 용기에 넣고, 김이 올라올 때까지 가열한 카놀라유를 골고루 뿌린다.

오향분 로스트 치킨 반미 (P.33)

① 수제 마요네즈
② 차조기 … 적당량
③ 오향분 로스트 치킨 … 55~60g
④ 무와 당근 초무침
⑤ 고수
⑥ 타레 소스

③ 오향분 로스트 치킨 (반미 4개 분량)
1. 닭 허벅지살은 힘줄과 지방을 제거한다. A를 섞어 닭 허벅지살을 1~2시간 재운다.
2. 1의 껍질을 위쪽으로 하여 그릴에 얹고 200℃ 오븐에서 20분간 굽는다. 고기를 재웠던 A양념을 닭고기 표면에 바르고, 속까지 익도록 약 10분 더 굽는다.

닭 허벅지살 … 2개	
A	다진 마늘 … 2쪽
	실파(곱게 썬 것) … 1줄기
	시즈닝 소스 … 1.5큰술
	벌꿀 … 1.5큰술
	오향분* … 1작은술
	백후추 … 1작은술

* : 산초, 팔각, 회향, 정향, 계피 등 5가지 향신료를 섞어 만든 중국의 혼합 향신료. 고기의 누린내를 잡아준다

레몬그라스 두부튀김 반미 (P.38)

① 수제 마요네즈
② 실파 … 적당량
③ 무와 당근 초무침
④ 레몬그라스 두부튀김 … 55~60g
⑤ 고수
⑥ 타레 소스

④ 레몬그라스 두부튀김 (반미 2개 분량)
1. 두부튀김을 세로 절반으로 썬다.
2. A를 섞어 1을 30분간 재운다.
3. 프라이팬에 카놀라유(분량 외)를 두르고 중불로 달군 후, 2를 한 면씩 구우면서 B를 볶는다. 레몬그라스와 마늘이 타지 않도록 주의하면서 레몬그라스가 바삭해질 때까지 볶고 2와 버무린다.

두부튀김 … 작은 것 4모(260g)	
A	느억맘 … 1/2큰술
	시즈닝 소스 … 1큰술
	그래뉴당 … 1.5큰술
	소금 … 소량
B	다진 레몬그라스 … 2줄기
	다진 마늘 … 2쪽
	다진 홍고추(생) … 2개

에비스 반미 베이커리

기본 재료 (만드는 법과 반미 1개 분량)

- 느억참
- 마요네즈
- 고수
- 무와 당근 초무침
- 핫 칠리 소스
- 무염 버터
- 오이

무염 버터 … 1큰술
빵 절단면의 아랫부분에 바른다.

마요네즈 … 1.5큰술
빵 절단면의 윗부분에 바른다.

오이(세로로 얇게 썬 것) … 1개

무와 당근 초무침 … 60g
무 500g, 당근 250g을 잘게 썰어서 삼온당(시판 흑설탕) 100g, 식초 72g을 섞는다. 살짝 단맛이 강하지만 전체적으로 산뜻한 맛이다.

고수(대강 자른 것) … 적당량

핫 칠리 소스 … 적당량
부드러운 매운맛과 감칠맛이 나는 베트남제 소스를 사용한다(사진 참조).

느억참 … 적당량
느억맘에 물을 타서 희석하고 그래뉴당과 식초를 더해 섞은 것.

베트남 햄 반미 (P.25)

① 무염 버터
② 마요네즈
③ 오이(세로로 얇게 썬 것)
④ 간 파테 … 30g
⑤ 베트남 햄(P.16 참조) … 60g
⑥ 수제 돼지고기 덴부* … 적당량
⑦ 무와 당근 초무침
⑧ 고수
⑨ 핫 칠리 소스
⑩ 느억참

*덴부 : 생선 등을 쪄서 잘게 찢어 설탕 및 간장으로 간하고 색을 입힌 고명

④ 간 파테 (만들기 쉬운 분량)

1. 푸드 프로세서에 다진 돼지 머리고기를 넣고 돌려 매끄럽게 만든다. 재료를 기재된 순서대로 하나씩 모두 넣고, 추가할 때마다 매끄러워질 때까지 기계를 돌린다.
2. 내열 용기 바닥에 돼지 등심 비계(분량 외)를 바른다. 1을 붓고, 속까지 모두 익을 때까지 찐다

다진 돼지 머리고기	180g
돼지 간(날것)	180g
다진 돼지 목심	360g
돼지 껍질(데친 것)	100g
돼지 등심 비계	50g
다진 마늘	24g
그래뉴당	6.4g
감칠맛 조미료	3.8g
백후추 파우더	2.6g
시나몬 파우더	1g
소금	4g
프랑스빵(P.14 참조)	3/5 개
생크림	50g

튀김 춘권 반미 (P.29)

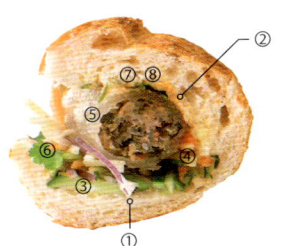

① 무염 버터
② 마요네즈
③ 오이
④ 그린 파파야, 당근, 적양파(모두 채 썬 것) … 적당량
⑤ 튀김 춘권 … 3개
⑥ 고수
⑦ 핫 칠리 소스
⑧ 느억참

당면 … 16g
목이버섯 … 4g
A │ 다진 돼지고기 … 100g
　│ 다진 토란 … 10g
　│ 다진 당근 … 10g
　│ 다진 양파 … 10g
　│ 실파(곱게썰기 한 것) … 5g
　│ 느억맘 … 2ml
　│ 소금, 흑후추 … 각각 적당량
라이스 페이퍼(지름 22cm) … 4장

⑤ 튀김 춘권 (반미 4개 분량)
1. 당면과 목이버섯을 물에 불린 다음 잘게 다진다.
2. 1과 A를 합쳐서 찰기가 생길 때까지 잘 반죽한다.
3. 2를 4등분하고 물에 불린 라이스 페이퍼로 감는다. 170℃의 튀김유(분량 외)에서 약 4분간 튀긴다.

고등어 토마토소스 조림 반미 (P.35)

① 무염 버터
② 마요네즈
③ 오이
④ 고등어 토마토소스 조림 … 80g
⑤ 시즈닝 소스 … 적당량
⑥ 무와 당근 초무침
⑦ 고수
⑧ 핫 칠리 소스
⑨ 느억참

토막 손질한 고등어 … 2장
쌀식초 … 적당량
다진 마늘 … 2g
다진 생강 … 2g
양파(슬라이스) … 24g
A │ 홀 토마토 … 160g
　│ 시즈닝 소스 … 6ml
　│ 그래뉴당 … 10g
　│ 소금 … 2g

④ 고등어 토마토소스 조림 (반미 4개 분량)
1. 고등어는 쌀식초에 5분간 담갔다가 꺼내 물기를 닦는다. 소금, 후추, 녹말(모두 분량 외)을 뿌리고 샐러드유(분량 외)를 두른 프라이팬에 올려 양면을 노릇하게 굽는다.
2. 다른 프라이팬에 샐러드유(분량 외)를 두르고 마늘과 생강을 볶는다. 향이 나면 양파를 넣고 투명해질 때까지 볶는다.
3. A를 넣고 한소끔 끓인 다음, 1을 넣고 국물이 고등어에 배어 들 때까지 졸인다.

비프 스튜와 반미 (P.42)

비프 스튜 (3~4인분)
1. 압력솥에 소 힘줄 부위를 넣고 물, 간장, 대파(각각 적당량, 분량 외)를 넣은 후 가열한다. 약불로 15분 압력으로 찌고, 솥을 불에서 내려서 15분 둔다.
2. A를 기름(분량 외)에 볶는다. 양파가 투명해지면 B를 넣고 보글보글 끓인다. 거품을 거두면서 뜬 기를 제거하고 약불로 15분 끓인다.
3. 베샤멜 소스를 넣고 섞어 걸쭉하게 만든다.

소 힘줄 … 200g
A │ 양파(빗 모양으로 썬 것) … 100g
　│ 당근(대강 썬 것) … 80g
　│ 고구마(대강 썬 것) … 60g
　│ 마늘 … 20g
B │ 토마토 다이스(캔) … 62.5g
　│ 레드 와인 … 20g
　│ 월계수 잎 … 1장
　│ 팔각* … 2g
　│ 시나몬 … 2g
　│ 느억맘 … 6g
　│ 그래뉴당 … 5g
　│ 소금 … 3g
　│ 흑후추 … 소량
베샤멜 소스(시판)** … 40g

* : 중국 요리에 쓰이는 별 모양 향신료. 강한 향이 특징이며 잡내를 없애준다.
** : 모든 화이트 소스의 기본으로 불리는 소스. 달콤하고 부드러운 맛으로 생선 요리, 그라탱, 크로켓 등에 쓰인다.

벌꿀 버터 반미 (P.45)

① 버터 … 2g
② 벌꿀 … 3~5g

1. 프랑스빵을 도마 등으로 눌러 납작하게 만든다.
2. 표면에 버터와 벌꿀을 순서대로 바른다.
3. 180℃의 오븐에서 3~4분간 굽거나, 표면을 버너 불로 쬐어 굽는다.

반미 신 짜오

기본 재료 (만드는 법과 반미 1개 분량)

고수 / 대파 / 오이 / 무와 당근 초무침
버쯩 / 간 파테 / 타레 소스

핫 칠리 소스

간 파테 … 약 1.5큰술
돼지 간을 사용한다. 간은 우유에 30~45분 정도 재워서 누린내를 빼고, 물기를 제거하여 볶는다. 태우지 않고 잘 볶은 마늘과 양파를 더해 푸드 프로세서에 넣고 페이스트 상태가 될 때까지 돌린다. 빵 절단면의 아랫부분에 바른다.

버쯩 (또는 무나보이) … 약 1.5큰술
달걀 버터라는 뜻으로, 베트남에서는 버터 대신 반미에 넣는다. 달걀노른자에 샐러드유를 조금씩 섞어 거품을 내고 소금, 후추로 간을 맞춘다. 빵 절단면의 윗부분에 바른다.

타레 소스 … 적당량
직접 만든 차슈(P.57 참조)를 졸인 국물에 슬라이스해서 볶은 양파를 넣어 졸이고 설탕으로 간을 맞춘다.

오이 … 적당량

무와 당근 초무침 … 적당량
무 400g와 당근 200g을 결을 따라 썰어 씻고 물기를 제거한다. 식초 150ml, 레몬즙 20ml, 물 70ml, 설탕 150g을 섞고, 썰어둔 무와 당근을 넣어 4시간 이상 재운다.

핫 칠리 소스 … 적당량

대파 … 적당량
현지에서는 푸른 실파를 사용하지만, 이 책의 레시피에서는 대파를 사용한다. 파채칼로 잘게 자른다.

고수 … 적당량

달걀 프라이 반미 (P.39)

① 간 파테
② 버쯩
③ 타레 소스
④ 오이
⑤ 무와 당근 초무침
⑥ 핫 칠리 소스
⑦ 달걀 프라이 … 달걀 2개
⑧ 타레 소스
⑨ 대파
⑩ 고수

⑦ 달걀 프라이 (반미 1개 분량)
달걀 … 2개
튀김유 … 적당량

1. 프라이팬에 기름을 두르고 달걀을 익혀 달걀 프라이를 만든다.

미짜 반미 (P.24)

① 간 파테
② 버쯩
③ 타레 소스
④ 오이
⑤ 무와 당근 초무침
⑥ 핫 칠리 소스
⑦ 베트남 햄(시판용) … 3장
⑧ 수제 차슈 … 8장
⑨ 타레 소스
⑩ 대파
⑪ 고수

⑧ 수제 차슈 (만들기 쉬운 분량)

1. 돼지고기 삼겹살을 가로 4cm, 세로 4cm, 깊이 10cm로 썰어서 약불로 달군 프라이팬에 넣어 속까지 잘 익도록 굽는다.
2. 냄비에 A를 넣어 끓이고, 1을 넣어 45분간 졸인다. 적당한 두께로 썬다.

돼지 삼겹살(덩어리) … 1kg
A | 간장 … 300ml
  | 간 마늘 … 1/2큰술
  | 설탕 … 120g
  | 오향분* … 1/3큰술
  | 흑후추 … 1/3큰술

*: 산초, 팔각, 회향, 정향, 계피 등 5가지 향신료를 섞어 만든 중국의 혼합 향신료. 고기의 누린내나 잡내를 잡아준다.

닭고기구이 반미 (P.31)

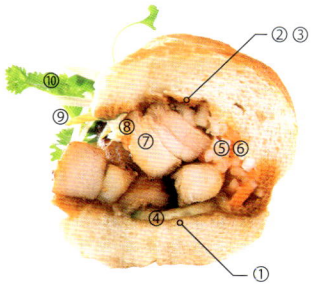

① 간 파테
② 버쯩
③ 타레 소스
④ 오이
⑤ 무와 당근 초무침
⑥ 핫 칠리 소스
⑦ 닭 허벅지살 구이 … 1/2장
⑧ 타레 소스
⑨ 대파
⑩ 고수

⑦ 닭 허벅지살 구이 (반미 2개 분량)

1. 닭 허벅지살은 2~3cm 폭으로 썬다.
2. A의 재료를 모두 넣고 섞은 다음, 1을 넣어 2시간 이상 재운다.
3. 그릴 위에 얹어 직화로 바삭하게 굽는다.

닭 허벅지살 … 300g(1장)
A | 레몬그라스(채 썬 것) … 2줄기
  | 간 양파 … 1/2큰술
  | 간 마늘 … 1/2큰술
  | 느억맘 … 8ml
  | 벌꿀 … 적당량
  | 그래뉴당 … 20g
  | 소금 … 3g
  | 흑후추 … 1/3큰술

아다치 유미코

기본 재료 (만드는 법과 반미 한 개 분량)

마가린 / 그린 파파야와 당근 초무침 / 무와 당근 초무침 / 당근 초무침

마가린 … 1과1/2큰술
'듬뿍 바르는 것이 반미의 맛을 살리는 포인트'(아다치 씨). 빵의 절단면 양쪽에 모두 바른다.

초무침(그린 파파야와 당근 / 무와 당근 / 당근) … 적당량
초무침은 주요 속 재료에 따라 세 가지 중 하나를 골라 사용한다.

파테와 햄 반미 (P.25)

③ 햄 2~3종* … 각 1~2장
② 간 파테 (P.18 참조) … 40g
① 마가린
④ 그린 파파야와 당근 초무침
⑤ 시즈닝 소스 … 적당량
⑥ 실파, 양파, 고수, 홍고추(생), 흑후추… 각각 적당량

*: 여기서는 프로슈토 햄 1장, 파스트라미 1장, 볼로냐소시지 2장을 사용했다. 취향에 맞추어 시판용 햄을 끼우면 된다.

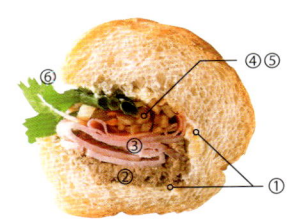

④ 그린 파파야와 당근 초무침 (만들기 쉬운 분량)
1. 그린 파파야와 당근은 소금을 뿌려 4~5분 둔다.
2. '단 식초'를 만든다. 그래뉴당을 뜨거운 물에 섞어 녹인 후 쌀식초를 넣어 섞는다.
3. 1의 물기를 짜내고 단 식초에 30~40분 정도 재운다. 가볍게 물기를 빼고 빵에 끼운다.

그린 파파야(채 썬 것) … 250g
당근(채 썬 것) … 80g
소금 … 한꼬집
단 식초
　그래뉴당 … 3큰술
　뜨거운 물 … 2큰술
　쌀식초 … 50ml

사오마이 반미 (P.29)

② 사오마이*와 타레 소스 … 2개와 적당량

④ 고수, 홍고추(생), 흑후추 … 각각 적당량

* : 다진 돼지고기에 양파 등 채소 다진 것을 섞어 만두피에 싸서 찐 중국 만두.

① 마가린

③ 무와 당근 초무침

② 사오마이와 타레 소스 (반미 4개 분량)
1. A를 잘 섞고 8등분하여 둥글린다.
2. 대나무 꼬치로 가운데 구멍을 뚫고 바트에 나열한 다음, 찜기에서 약 10분간 찐다. 바트에 고인 국물은 따로 보관해 둔다.
3. '타레 소스'를 만든다. 냄비에 2에서 보관한 국물 50ml와 B를 넣어 약불로 가열한다. 끓으면 물에 푼 녹말을 넣고 섞어 걸쭉하게 만든다.
4. 사오마이를 으깨서 빵에 바르고 타레 소스를 뿌린다.

A | 다진 돼지고기 … 200g
  | 목이버섯(건조)* … 2g
  | 양파(얇게 썬 것) … 3/4개
  | 다진 마늘 … 1쪽
  | 달걀물 … 2큰술
  | 시즈닝 소스 … 1과1/3큰술
  | 흑후추 … 1작은술 약간
B | 시즈닝 소스 … 2작은술
  | 그래뉴당 … 1작은술
  | 미림 … 1작은술
녹말 … 1/2작은술
물 … 1작은술

* : 물에 불린 다음 굵직굵직하게 썬다.

③ 무와 당근 초무침 (만들기 쉬운 분량)
1. 무와 당근에 소금을 뿌려 4~5분 둔다.
2. '단 식초'를 만든다. 그래뉴당을 뜨거운 물에 섞어 녹인 후 쌀식초를 넣어 섞는다.
3. 1의 물기를 가볍게 짜내고, 단 식초에 30~40분 재운다. 가볍게 물기를 빼내고 빵에 끼운다.

무(채 썬 것) … 250g
당근(채 썬 것) … 80g
소금 … 한꼬집
단 식초
  그래뉴당 … 3큰술
  뜨거운 물 … 2큰술
  쌀식초 … 50ml

보들보들 쑥갓 오믈렛 반미 (P.40)

② 쑥갓 오믈렛 … 계란 2개
④ 시즈닝 소스, 핫 칠리 소스, 흑후추 … 각각 적당량
① 마가린
③ 당근 초무침 … 20g

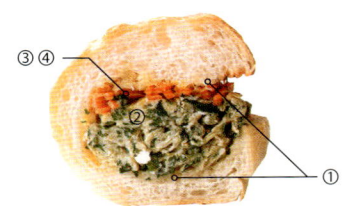

③ ④
②
①

② 쑥갓 오믈렛 (반미 1개 분량)

1. 쑥갓은 데쳐서 체에 얹어 식힌다. 잘게 다지고 물기를 짜낸다.
2. 달걀을 잘 푼 다음 A와 1을 넣고 섞는다.
3. 프라이팬에 샐러드유를 둘러 달구고 2를 흘려 넣는다. 크게 휘저으면서 부들부들한 식감으로 굽는다.

| 쑥갓 … 1/5팩(약 40g) |
| 달걀 … 2개 |
| A: 느억맘 … 1작은술 / 그래뉴당 … 1/2작은술 / 흑후추 … 소량 |
| 샐러드유 … 1큰술 |

③ 당근 초무침 (만들기 쉬운 분량)

1. 당근에 소금을 뿌려 잠시 둔다.
2. '단 식초'를 만든다. 그래뉴당을 뜨거운 물에 섞어 녹인 후 쌀식초를 넣어 섞는다.
3. 1의 물기를 짜서 단 식초에 약 15분간 재운다. 가볍게 물기를 빼서 빵에 끼운다.

| 당근(채 썬 것) … 150g |
| 소금 … 한꼬집 |
| 단 식초: 그래뉴당 … 3큰술 / 뜨거운 물 … 2큰술 / 쌀식초 … 50ml |

반미 차오 (P.41)

반미 차오 (1인분)

1. 스테이크용 철판을 달구어 샐러드유를 두르고 소고기를 굽는다. 고기가 노릇노릇해지면 뒤집고 철판의 남은 공간에 달걀을 깨뜨려 넣는다. 감자튀김과 간 파테도 얹는다.
2. 고기가 어느 정도 익으면 타레 소스 1큰술을 뿌리고 버터, 양파, 토마토를 얹는다.
3. 철판을 불 위에서 내린 다음 고수를 얹고 흑후추를 뿌린다. 살짝 데운 반미 빵(분량 외)과 채소 샐러드를 곁들인다.

| 샐러드유 … 1큰술 |
| 소고기(불고기용 우둔살) … 100g |
| 간 파테(P.18 참조) … 30g |
| 감자튀김* … 감자 1/2개 |
| 타레 소스** … 1큰술 |
| 버터 … 20g |
| 양파(잘게 썬 것) … 소량 |
| 토마토(슬라이스) … 1장 |
| 달걀 … 1개 |
| 고수, 흑후추, 채소 샐러드*** … 각각 적당량 |

* : 감자(메이퀸)를 잘게 썰어서 샐러드유로 바삭하게 튀긴다.
** : 다진 마늘 1/2큰술, 다진 양파 1큰술, 샐러드유 1큰술, 시즈닝 소스 2큰술, 굴소스 1큰술, 느억맘 1큰술, 그래뉴당 1/2작은술, 흑후추, 물 50ml를 섞는다. (4인분 분량)
*** : 먹기 좋게 찢은 양배추 3~4장과 토마토 슬라이스 2장을 접시 위에 얹고, 위에 단 식초(상단 기재) 2큰술과 샐러드유 1큰술을 뿌리고, 흑후추를 솔솔 뿌린다. 전체를 섞으면서 먹는다. 프라이드 어니언을 토핑으로 얹어도 좋다.

찐 반미 (P.43)

찐 반미 (1인분)
1. '돼지고기 소보로'를 만든다. 프라이팬에 샐러드유를 둘러 달구고 마늘을 볶는다. 향이 나면 다진 돼지고기를 넣고 색이 변할 때까지 잘 볶는다. A를 넣어 섞고, 녹말물을 만들어 살살 섞으면서 걸쭉하게 만든다.
2. '파기름'을 만든다. 실파와 소금을 내열 용기에 넣고 섞는다. 달군 샐러드유를 용기에 부어 섞는다.
3. 프랑스빵은 1~2cm 두께로 둥글게 썰고 돼지고기 소보로를 얹은 다음, 내열 접시에 담아서 찜기에 넣고 약 5분간 찐다. 파기름과 땅콩을 얹는다.
4. 다른 그릇에 그린 파파야와 당근 초무침, 타레 소스를 담는다. 적상추, 허브, 차조기 잎, 실파, 스피아민트도 따로 접시에 담아낸다. 먹을 때는 적상추에 3을 얹고 취향에 따라 좋아하는 허브나 고명, 초무침을 얹어 말아서 타레 소스에 찍어 먹는다.

돼지고기 소보로(만들기 쉬운 분량)
- 샐러드유 … 1큰술
- 다진 마늘 … 1쪽
- 다진 돼지고기 … 100g
- A │ 그래뉴당 … 1작은술
  │ 느억맘 … 1작은술
  │ 시즈닝 소스 … 1/2작은술
  │ 흑후추 … 적당량(넉넉히)
- 녹말 … 1작은술
- 물 … 2큰술

파기름(만들기 쉬운 분량)
- 실파(곱게 썬 것) … 2큰술
- 소금 … 한꼬집
- 샐러드유 … 3큰술

찐 반미에 허브와 초무침을 취향대로 얹고 타레 소스를 뿌려 적상추에 싸서 먹으면 더욱 맛있다.

그 외 재료
- 프랑스빵 … 적당량
- 땅콩(잘게 부순 것) … 적당량
- 그린 파파야와 당근 초무침(P.58 참조) … 적당량
- 타레 소스 … 적당량
- 적상추, 허브, 차조기 잎, 실파, 스피아민트 … 적당량

* : 그래뉴당 6큰술을 두 배 분량의 뜨거운 물에 녹이고, 느억맘 4큰술, 다진 마늘 1과 1/2큰술, 다진 홍고추 적당량을 넣어 섞는다.

반미 캡캠과 반미 쇼콜라 (P.44)

- ③ 땅콩(잘게 부순 것) … 적당량
- ② 연유 … 적당량
- ① 바닐라 아이스크림 (「하겐다즈」) … 50g
- ③ 판형 초콜릿(「MAROU」) … 15g
- ② 그래뉴당 … 1/2작은술 미만
- ① 버터(유염, 「에쉬레」) … 10g

베트남 「MAROU」의 초콜릿. 최근 카카오 생산에 힘을 싣고 있는 베트남에서는 빈투바 초콜릿(bean to bar, 카카오 생산 농민과 함께 전 과정을 일제의 화학처리나 첨가물 없이 만든 초콜릿) 공방이 여럿 문을 열고 있다.

버터는 프랑스 「에쉬레」의 제품을 사용했다.

스탠드 반미

카피르 라임 잎을 넣은 돈가스 반미 (P.28)

③ 카피르 라임 잎을 넣은 돈가스 … 1장
⑥ 땅콩(부순 것) … 적당량
⑤ 고수, 스피아민트, 딜 … 각각 적당량
② 무와 당근 초무침 … 적당량
④ 오렌지 소스 … 1.5큰술
① 남플라 … 적당량

② 무와 당근 초무침 (만들기 쉬운 분량)
무 … 1/2개
당근 … 2개
A | 사과 식초 … 400ml
　　수수설탕 … 60g
　　소금 … 3g
　　월계수 잎 … 2장
　　물 … 100ml

1. 무와 당근은 3mm 두께로 채 썰고 소금(분량 외, 적당량)을 뿌려 15분 이상 둔다. 물로 헹구고 물기를 짜낸다.
2. 냄비에 A를 넣고 중불로 가열하여 한소끔 끓인 다음, 1을 넣고 불에서 냄비를 내린다. 30분 이상 재운다.
3. 물기를 짜내고 냉장고에서 식힌다.

③ 카피르 라임 잎을 넣은 돈가스 (반미 1개 분량)
카피르 라임 잎 … 4장
얇게 썬 돼지고기 등심 … 5장
박력분, 달걀물, 빵가루 … 적당량
소금, 후추 … 적당량

1. 카피르 라임 잎은 줄기를 제거하여 잘게 다진다.
2. 돼지고기 등심은 1장에 카피르 라임 잎 1/4 분량을 골고루 뿌린 다음 고기를 1장 얹어 포갠다. 이 과정을 반복한다.
3. 2의 양면에 소금과 후추를 넉넉히 뿌리고, 박력분과 달걀물, 빵가루를 순서대로 묻힌다.
4. 170℃의 튀김유(분량 외)에 넣어 양면이 노릇해질 때까지 튀긴다.

④ 오렌지 소스 (만들기 쉬운 분량)
오렌지 … 1개
레드와인 식초 … 30ml
수수설탕 … 3g
치킨 부용* … 150ml
소금, 후추 … 적당량

* : 닭고기와 뼈를 여러 채소와 함께 푹 끓여 만든 국물. 치킨 스톡과 같이 덩어리, 또는 가루 형태로 가공하기도 한다.

1. 오렌지의 절반은 과즙을 짜고, 나머지 절반은 겉껍질과 속껍질을 떼어 과육만 꺼낸다.
2. 작은 냄비에 레드와인 식초와 수수설탕을 넣고 중불에서 졸인다. 1의 과즙을 넣어 더욱 졸인다.
3. 국물이 절반으로 졸아들면 치킨 부용과 1의 과육을 넣는다. 걸쭉해지면 불을 끄고 소금과 후추를 넣어 간을 맞춘다.

리예트×베트남 카카오 반미 (P.28)

① 돼지고기 리예트* … 4큰술
② 무와 당근 초무침 (P.62 참조) … 적당량
③ 발사믹 소스 … 1.5작은술
④ 고수, 스피아민트, 딜 … 적당량
⑤ 카카오닙스(베트남산) … 적당량

*리예트 : 돼지, 오리, 닭과 같은 고기를 지방과 함께 열을 가하여 만든 프랑스의 스프레드

① 돼지고기 리예트 (만들기 쉬운 분량)

마늘(살짝 으깬 것) … 3쪽
돼지 삼겹살(5cm 폭 큐브형으로 썬 것) … 500g
양파(얇게 썬 것) … 100g

A | 치킨 부용* … 450ml
  | 화이트 와인 … 100ml
  | 샐러드유 … 1큰술

B | 검은 통후추 … 10알
  | 타임 … 4줄기
  | 이탈리안 파슬리 … 1줄기
  | 월계수 잎 … 1장

C | 흑후추(굵게 간 것) … 1g
  | 남플라 … 1큰술

*: 닭고기와 뼈를 여러 채소와 함께 푹 끓여 만든 국물. 치킨 스톡과 같이 덩어리, 또는 가루 형태로 가공하기도 한다.

1. 냄비에 올리브유(분량 외, 적당량)와 마늘을 넣고 중불로 가열한다. 향이 나기 시작하면 돼지 삼겹살을 넣는다.
2. 돼지 삼겹살이 익어 색이 변하면 양파를 넣는다. 양파가 투명해지면 A를 넣어 졸이면서 표면의 거품을 거두어 떴은 기를 제거한다.
3. B를 넣고 약불로 바꾸어 뚜껑을 덮고 약 1시간, 꼬치로 고기를 찔렀을 때 쑥 들어갈 만큼 부드러워질 때까지 졸인다. 이때 15분 간격으로 뚜껑을 열어, 국물이 고기의 1/3 정도 높이가 되도록 치킨 부용(분량 외, 적당량)을 넣어 조절한다.
4. 국물과 국물 위에 생긴 투명한 지방층을 각각 따로 보관한다. 고기를 꺼내어 푸드 프로세서에 넣는다.
5. 푸드 프로세서를 5초 동안 돌린 다음, 고기 섬유가 살짝 남은 상태가 되면 C와 4의 국물을 적당량 더하고 5초 동안 돌린다.
6. 볼에 옮기고, 볼 밑바닥에 얼음물을 댄 상태에서 저어가며 식힌다. 보존 용기에 공기가 들어가지 않도록 꽉 채워 표면에 4에서 덜어둔 지방을 넣고, 냉장고에서 차갑게 식혀 굳힌다.

③ 발사믹 소스 (만들기 쉬운 분량)

발사믹 식초 … 2큰술
수수설탕 … 1큰술
남플라 … 1큰술
버터 … 10g
흑후추 … 적당량

1. 작은 냄비에 재료를 모두 넣고 중불에서 걸쭉해질 때까지 졸인다.

코코넛 치킨 카레 반미 (P.34)

① 남플라 … 1큰술
② 무와 당근 초무침(P.62 참조) … 적당량
③ 코코넛 치킨 카레 볶음 … 하단 분량의 1/2
④ 생강(채 썬 것) … 1쪽
⑤ 고수, 스피아민트, 딜
⑥ 프라이드 어니언 … 적당량

③ 코코넛 치킨 카레 볶음 (반미 2개 분량)

1. 닭 허벅지살은 작은 크기로 두껍게 썬다. A와 섞고 랩을 씌워서 냉장고에 10분 이상 둔다.
2. 양파는 얇게 썰고 붉은 파프리카는 약 2cm 폭으로 썬다.
3. 작은 냄비에 올리브유와 시나몬을 넣고 중불로 가열한다. 향이 나면 양파를 넣어 투명해질 때까지 볶고 붉은 파프리카를 더하여 약 3분간 볶는다.
4. 1을 넣고 같이 볶는다. 닭고기 표면 색이 변하면 B를 넣고 타지 않도록 주의하며 잘 볶는다.
5. 향신료 향이 나기 시작하면 C를 넣고 국물이 없어질 때까지 볶는다.

닭 허벅지살 … 1장
A │ 간 마늘 … 1작은술
　│ 간 생강 … 1작은술
양파 … 1/4개
붉은 파프리카 … 1/4개
올리브유 … 적당량
시나몬 … 1g
B │ 코리앤더 파우더* … 1g
　│ 가람 마살라** … 1g
　│ 칠리 파우더 … 0.5g
C │ 코코넛 밀크 … 50ml
　│ 남플라 … 2작은술
　│ 물 … 50ml

* : 고수의 씨앗을 곱게 갈아만든 향신료.
** : '매운 혼합물'이라는 뜻으로 계피, 카다몬, 커민, 후추 등이 들어간 인도 향신료.

흰살생선 뮈니엘×레몬그라스 소스 반미 (P.36)

② 만가닥버섯 소테 … 적당량
④ 적색 새싹 채소 … 적당량
⑤ 볶은 통참깨(흰깨) … 적당량
① 흰살생선 뮈니엘* … 1조각
③ 레몬그라스 소스 … 1.5큰술

* 뮈니엘: 생선에 밀가루를 묻히고 버터에 지져내어 레몬버터소스를 끼얹은 요리.

① 흰살생선 뮈니엘 (반미 1개 분량)
대구 … 1토막
밀가루 … 적당량
버터 … 1큰술
올리브유 … 1큰술
소금, 후추 … 각각 적당량

1. 대구는 넓적한 접시에 놓고 양면에 소금을 가볍게 뿌린 다음, 랩을 씌워 냉장고에 10분 정도 둔다.
2. 표면의 물기를 키친 페이퍼로 깔끔하게 닦아내고 양면에 가볍게 후추를 뿌린 다음 밀가루를 묻힌다.
3. 프라이팬에 버터와 올리브유를 넣고 중불에서 달군다. 타닥타닥 소리가 나면 2를 표면으로 삼고 싶은 부분을 아래로 하여 넣는다. 노릇노릇한 색이 되면 뒤집어 약불로 바꾸고, 프라이팬을 기울여 스푼으로 기름을 떠내면서 약 5분간 굽는다. 대구를 꺼내 기름을 뺀다. 같은 프라이팬으로 '만가닥버섯 소테'를 만든다.

② 만가닥버섯 소테
만가닥버섯 … 적당량
올리브유, 소금, 후추 … 각각 적당량

1. 흰살생선 뮈니엘을 구운 프라이팬에 묻은 기름을 키친 페이퍼로 가볍게 닦아낸다. 올리브유를 넣고 만가닥버섯을 살짝 볶으며 소금과 후추로 간을 맞춘다.

③ 레몬그라스 소스 (만들기 쉬운 분량)
올리브유 … 1큰술
간 마늘 … 1작은술
다진 레몬그라스 … 1줄기
A | 수수설탕 … 2작은술
  | 남플라 … 1작은술
  | 레몬즙 … 1작은술

1. 작은 냄비에 올리브유와 마늘을 넣고 약불로 가열한다. 마늘에서 향이 나면 레몬그라스를 넣고 살짝 볶는다.
2. A를 넣고 섞는다. 설탕이 녹으면 냄비를 불에서 내린다.

연어 콩피×자색 양배추 마리네 반미 (P.37)

② 연어 콩피* … 150g
① 땅콩 소스 … 약 1큰술
⑤ 캐슈넛 … 적당량
④ 고수, 스피아민트, 딜
③ 자색 양배추 마리네** … 적당량

* 콩피 : 기름이나 설탕 등에 절여 만든 보존음식.
** 마리네 : 고기, 생선, 채소, 과일 등을 액체나 양념에 담가 절이는 요리.

① 땅콩 소스 (만들기 쉬운 분량)
땅콩버터 … 1큰술
메이플 시럽 … 1작은술
남플라 … 1/2작은술

1. 재료를 모두 섞어준다.

② 연어 콩피 (반미 1개 분량)
연어(횟감용) … 150g
소금, 후추 … 각각 적당량
A │ 월계수 잎 … 1장
  │ 타임 … 1줄기
  │ 올리브유 … 100ml

1. 넓적한 접시에 연어를 놓고 양면에 소금과 후추를 가볍게 뿌린다. 랩을 씌워 냉장고에 2시간 동안 둔다.
2. 지퍼백에 1과 A를 넣고 공기를 빼서 입구를 단단히 봉한다.
3. 냄비에 40℃로 물을 끓여 2를 넣는다. 온도를 40℃로 유지하면서 10분간 둔다. 냄비를 불에서 내리고 냄비에 넣은 채 식힌다.

③ 자색 양배추 마리네 (만들기 쉬운 분량)
자색 양배추(채 썬 것) … 100g
소금 … 1/2작은술
A │ 화이트와인 식초 … 1작은술
  │ 올리브유 … 1작은술
  │ 남플라 … 1/2작은술

1. 자색 양배추에 소금을 뿌려 5분간 둔다.
2. 1의 물기를 짜내고, A를 넣어 섞어준다.

SHOP INFORMATION

반미☆샌드위치

두툼하고 맛있는 캐나다 반미가 제 마음을 흔들었어요.

제가 처음으로 반미를 먹은 건 어학연수로 갔던 캐나다에서였습니다. 싸고 맛있으면서 한 개로도 여러 식감을 한 번에 맛볼 수 있다는 점에 감격해서 일주일에 세 번은 먹으러 다녔습니다. 본래는 캐나다에서 영어 공부를 마친 다음 미국의 베이글 가게에서 일하며 배울 생각이었지만, 일본에서 베이글 가게는 점점 늘어났고 반미 전문점은 거의 없었기 때문에 전망을 고려하여 반미 전문점을 운영하기로 마음먹었습니다.

캐나다의 반미는 속 재료가 듬뿍 들어있고 손이 진득거릴 정도로 갈릭 마요네즈를 발라놓는데 먹으면 먹을수록 헤어 나올 수 없을 정도로 맛있습니다. 베트남에서는 악센트 정도로 적당히 넣어주는 초무침도 캐나다에서는 잔뜩 넣어주는 편이었습니다. 한 개만 먹어도 포만감이 드는 것이 좋았기 때문에 제가 운영하는 가게에서도 또 먹고 싶다는 생각이 들도록 볼륨감이 있는 반미를 제공하고 있습니다.

원래는 베이커리를 열 생각이었기 때문에 빵은 직접 만들고 있습니다. 개업 후에 인터넷으로 베트남 빵을 만드는 방법을 연구했는데, 밀가루에 쌀가루를 더하여 쓰기도 하는 등 배합에 많은 어려움을 겪었습니다. 나중에 쌀가루를 쓰는 베이커리는 사실 거의 없다는 걸 알았지만, 쌀가루를 쓰면 더욱 바삭바삭해지기 때문에 지금도 고집하여 쓰고 있습니다. 또한 2018년에 오픈한 스이도바시 지점의 오븐은 타카다노바바 지점과는 기종이 달라 같은 빵 반죽이어도 너무 쫀득해지기에 배합 비율을 조정하고 있습니다. 2019년에는 이동하면서 판매할 수 있도록 푸드 트럭을 개시했습니다. 앞으로는 여러 곳을 찾아가 맛있는 반미를 많이 팔고 싶습니다.

REGULAR MENU(가격은 오른쪽이 하프 사이즈)
사이공 햄&돼지 파테 650엔 / 390엔
베트남 햄&레버 페이스트 630엔 / 370엔
새우 아보카도 630엔 / 370엔
고기 경단 토마토 조림 630엔 / 370엔
소불고기 630엔 / 370엔
바삭바삭 돼지 구이 630엔 / 370엔
돼지불고기 630엔 / 360엔
베트남 치킨 카레 630엔 / 370엔
베지 치즈 550엔 / 330엔
달걀&파테 550엔 / 330엔

SHOP DATA
타카다노바바 지점
도쿄도 신주쿠구 타카다노바바 4-9-18
03-5937-4547
평일 11:00~19:00, 토요일 11:00~18:00, 공휴일 11:00~17:00 / 일요일 및 월요일 정기 휴일

스이도바시 지점
도쿄도 치요다구 칸다미사키초 1-4-9
03-6876-8545
11:00~20:00 / 일요일 및 월요일 정기 휴일
https://banhmi3.exblog.jp/

PROFILE
키사카 사치코

식품점과 베이커리 근무 등을 거쳐 29살에 캐나다로 유학을 떠나 반미와 만나게 되었다. 귀국 후 일본에는 거의 없었던 반미 전문점을 2010년에 개업했다. 가장 좋아하는 반미 속 재료는 햄과 파테.

SHOP INFORMATION

베트남 샌드위치 Thao's(다오스)

베트남 반찬을 반미와 콜라보해서 Thao's만의 오리지널 레시피로

새로운 메뉴를 구상할 때는 베트남에서 먹었던 반미를 그대로 재현하기보다 현지에서 먹는 반찬 중에서 '이거 반미에 넣어 먹으면 맛있겠는데?'라고 생각하는 것을 메인 속 재료로 사용할 때가 많습니다. 먼저, 레시피를 정할 때까지 인터넷이나 동영상 사이트를 통해 열심히 만드는 법을 조사합니다. 이 과정으로 각각의 요리에서 가장 핵심이 되는 공정이나 조미료, 재료를 파악하게 됩니다. 그걸 참고하여 틀을 잡고 나머지는 원하는 결과물이 되도록 시행착오를 거치며 맛을 조정합니다.

대표적인 반미인 햄과 파테 반미도 항상 제공하고 있지만, 다른 가게에서는 판매하지 않는 우리 가게만의 오리지널 메뉴를 많이 갖추고 싶습니다. 그런 고민 끝에 누구나 먹기 좋은 메뉴로 만든 것이 바로 '파기름으로 무친 찜닭 반미'입니다. 찐 닭고기는 담백하기도 하고 어떤 맛인지 쉽게 감을 잡을 수 있으므로, 반미를 먹어본 적이 없는 사람도 쉽게 도전할 수 있겠다는 생각이 들었습니다. 그리고 파기름과 느억맘 같은 베트남 조미료로 맛을 내어 반미스럽게 마무리했습니다.

모든 반미에 기본적으로 들어가는 것은 타레 소스, 고수, 무와 당근 초무침, 수제 마요네즈입니다. 찜닭처럼 담백한 속 재료라면 프라이드 어니언으로 감칠맛을, 오향분 타레 소스가 들어간 로스트 치킨이라면 차조기로, 양념 돼지구이라면 실파로 개운한 느낌을 주는 등 한 가지라도 향신료를 써서 전체적인 맛의 균형을 맞추고 있습니다.

REGULAR MENU (가격은 오른쪽이 하프 사이즈)
수제 베트남 햄&간 파테 600엔 / 400엔
레몬그라스 돼지 불고기 620엔 / 420엔
오향분 로스트 치킨 630엔 / 430엔
중화풍 로스트 포크 650엔 / 450엔
파기름으로 무친 찜닭 550엔 / 370엔
흰살생선 허브 프리토 620엔 / 420엔
기간 한정 메뉴 1개

SHOP DATA
카나가와현 카와사키시 나카하라구 키즈키 2-1-1
044-982-3299
http://banhmithaos.com
월, 수~금요일 10:30~19:30, 토요일, 일요일 및 공휴일 10:30~18:30
화요일 정기 휴일

PROFILE
코사카 유키

미국 포틀랜드에 어학연수를 갔다가 반미에 빠지게 됐다. 귀국 후 회사원 생활과 베트남 요리점 직원 등을 거쳐 동경하던 「반미☆샌드위치」에서 연수를 받아 2015년에 개업했다. 가장 좋아하는 반미 속 재료는 구운 오믈렛이다.

SHOP INFORMATION

에비스 반미 베이커리

초밥과 주먹밥이 해외에서 뜻밖의 진화를 거듭하듯 다양하게 시도해보고 싶어요.

쌀국수 전문점 「촙스틱스」 등을 운영하는 촙스틱스 그룹이 새롭게 개점한 「에비스 반미 베이커리」. 반미 전문점인 동시에 베이커리로서 반미용 프랑스빵 소매 및 도매업도 겸합니다. 대표인 모테기 씨는 쌀국수 전문점, 그리고 베트남식 주점에 이어 반미라는 장르에 뛰어든 이유에 대해 "베트남이나 일본에 있는 전문점의 매상 수준을 듣고 앞으로 일본에서도 꾸준히 성장할 수 있는 분야라고 느꼈습니다."라고 답했습니다.

제빵 기술은 초대 점장인 카타오카 토오루 씨와 본사 기획개발부 퉁 씨가 베트남 북부 지방에 있는 베이커리에서 배워왔습니다. "바삭한 껍질에 속은 보들보들, 씹으면 씹을수록 속 재료와 빵이 혼연일체가 되는 반미가 제 이상입니다. 그렇다고 해서 빵이 너무 서걱서걱 잘 씹히면 오히려 속 재료의 맛을 살리지 못해서 맛이 좋지 않습니다."(카타오카 씨). 베트남과 일본은 기후도 밀가루도 달라서 레시피를 완성하기까지 고생했습니다. 현재는 40년 이상의 경력을 가진 제빵사인 이시하라 씨가 제빵 담당을 이어받아 주셔서 매일 더 좋은 빵을 만들어내고 있습니다.

메뉴 개발은 「촙스틱스」 키치조지점의 점장인 아키무라 씨가 주로 담당합니다. "이시하라 씨가 어떤 속 재료와도 잘 어울리는 빵을 만들어주셔서 맛있기만 하다면 무엇을 속으로 넣어도 맛있는 반미가 만들어질 것으로 생각합니다. 초밥이나 주먹밥이 해외에서 뜻밖의 진화를 거듭하듯, 반미에 가이양(태국의 닭고기구이)을 끼워도 좋다고 봅니다. 점점 더 다양하게 시도해보고 싶어요."라고 그는 말했습니다. 매주 바뀌는 반미 레시피 고안은 베트남인인 퉁 씨의 담당입니다. 튀김 춘권을 끼우는 등 참신한 발상으로 반미의 세계를 넓히고 있습니다.

REGULAR MENU (가격은 오른쪽이 하프 사이즈)
반미 사이공 780엔 / 550엔
돼지고기 레몬그라스구이 반미 680엔 / 500엔
치킨 사테 구이 반미 630엔 / 450엔
촙 샐러드 반미 580엔 / 400엔
베트남 햄 반미 630엔 / 450엔
새우 칠리 마요와 아보카도 반미 78엔 / 550엔
튀긴 고등어 토마토소스 조림 반미 680엔 / 500엔
두부튀김과 계절 채소 반미 680엔 / 500엔
이 주의 반미 1개

SHOP DATA
도쿄도 시부야구 에비스 1-8-14 에비스 스토어 내부
03-6319-5390
http://ebis-banhmi.com
11:00~20:00 / 정기 휴일 없음

왼쪽부터 계열점 「촙스틱스」 키치조지점 점장이자 「에비스 반미 베이커리」의 메뉴를 고안하는 아키무라 코타로 씨, 같은 점포를 경영하고 있는 주식회사 「후쿠모 레스토랑 매니지먼트 서비스」 대표인 모테기 타카히코 씨, 같은 회사 본사에서 기획개발을 담당하고 있는 탄 반 퉁 씨. 오른쪽 사진은 제빵 담당인 이시하라 켄이치 씨.

SHOP INFORMATION

반미 신 짜오

고향인 베트남 중부의 맛을 담은 반미를 소개하고 싶습니다.

저는 베트남 중부의 꽝남성에서 태어나 자랐습니다. 지역 전체가 세계 유산인 오래된 도시 호이안이나 관광객이 점점 늘어나고 있는 다낭이 있는 곳입니다. 나중에 제 사업을 해보겠다는 마음으로 일본에 왔고 미에현의 대학에서 경영학을 배웠습니다. 반미 전문점을 개업하겠다고 생각하게 된 건 도쿄로 놀러 갔을 때 케밥 가게 앞에 줄을 길게 늘어선 손님들을 봤을 때였습니다. 케밥보다 반미가 더 맛있기도 하고, 세계 곳곳에 가이드북을 출간하는 출판사에 의해 '세계에서 가장 맛있는 길거리 음식 TOP 10'에도 선정됐다는 걸 알고 있어서 일본에서도 분명 반미가 유행할 것 같았습니다. 또한 베트남 반미를 일본인들에게도 알리고 싶다는 마음도 있었습니다.

베트남은 지역에 따라 음식에도 특징이 있습니다. 남부는 달콤한 맛의 요리가 많은 편이지만 중부는 짭조름하면서도 진한 맛을 선호하는 편입니다. 저도 어릴 때부터 자주 먹어 익숙한 느억맘이나 간장을 듬뿍 넣은 맛을 좋아합니다. 속 재료나 모든 반미의 마무리 단계에서 뿌리는 타레 소스 레시피는 공동 경영인 남동생과 상의해서 정하는데, 모두 베트남 중부다운 감칠맛이 살아 있다고 생각합니다. 구태여 일본 현지인 입맛에 맞추지는 않으려 합니다. 가능한 베트남의 맛을 재현하여 일본에 사는 베트남인들에게 고향의 맛을, 일본인들에게는 본격적인 베트남 음식 맛을 선보이고 싶습니다. 반미에 빼놓을 수 없는 속 재료는 얇게 썬 오이, 베트남이라면 허브로 여뀌나 아시아 바질, 민트를 넣을 때가 많지만, 일본에서는 고수를 좋아하시는 분들이 많아서 모든 반미에 넣고 있습니다.

PROFILE
부이 탄 주이(Bùi Thanh Duy)

단기 대학 졸업 후 가업을 잇다가 2007년에 일본으로 왔다. 미에현의 욧카이치 대학 경제학부를 졸업하고 나서 2016년에 같은 대학에 재학 중이었던 부이 탄 탐 씨와 함께 「반미 신 짜오」를 개업했다. 2018년에 베트남 호치민에 지점을 오픈. 가장 좋아하는 반미는 미짜 반미.

REGULAR MENU(가격은 오른쪽이 하프 사이즈)
미짜 반미 530엔 / 350엔
돼지고기구이 반미 530엔 / 350엔
닭고기구이 반미 530엔 / 350엔
달걀 프라이 반미 530엔 / 350엔
돼지고기 느억맘 절임 반미 530엔 / 350엔
스페셜 반미 680엔

SHOP DATA
도쿄도 신주쿠구 타카다노바바 4-13-9 사사오 빌딩 1층
03-6279-1588
10:00~21:00 / 정기 휴일 없음

SHOP INFORMATION

스탠드 반미
자유롭고 새로운 '프렌치 베트나미즈' 반미

프랑스 식민지였던 베트남에는 지금까지도 프랑스 식민지 시대의 문화가 숨 쉬고 있습니다. 프랑스의 향기가 남아 있는 베트남 요리와 와인은 서로 잘 어울리기도 하고, '내추럴 와인과 반미라면 프랑스처럼 마음 편히 낮에도 술을 즐길 수 있겠다!' 하는 마음으로 프렌치 베트나미즈 스타일의 반미를 주된 런치 메뉴로 삼았습니다.

개업 준비 중, 제일 먼저 집중한 것은 바로 빵 개발이었습니다. 이전부터 맛있다고 느꼈던 돈가스 샌드위치가 있어서 그 빵을 만드는 가게에 가서 직접 부탁을 드렸습니다. "반미용 빵을 만드는 건 처음이지만 재미있을 것 같네요!"라고 바로 승낙해주셔서 얼마나 기뻤는지 모릅니다. 그 후, 서로 만족할 때까지 몇 번이나 시행착오를 거쳐서 두 종류의 빵을 완성했습니다. 하나는 쌀가루가 들어간 쫀득하고 몽실몽실한 '오리지널 빵', 또 하나는 국산 무농약 밀가루에 밀기울과 쌀가루를 넣어 만든 것으로 식감이 좋고 향도 그윽한 '프리미엄 빵'입니다.

통상 메뉴로는 수제 햄과 간 파테, 고등어 토마토조림 등 현지 스타일의 반미를 제공하지만, 이번에 소개한 반미는 이벤트나 기간 한정으로 제공하고 있는 오리지널 메뉴입니다. 모두 와인과 잘 어울리는 고급스럽고 섬세한 맛으로 완성하는 데 심혈을 기울였습니다. 어떤 반미를 만들지 구상할 때는 우선 노트에 흰살생선 뮈니엘, 돈가스 샌드위치 같은 주된 속 재료와 레몬그라스나 카피르 라임 잎 등 베트남다운 식재료를 각각 하나씩 적어봅니다. 재미있어 보이는 조합끼리 선으로 잇고, 실제로 시험 삼아 만들어 보면서 초무침이나 피클, 깨나 땅콩 등의 토핑으로 전체적인 맛을 최종 조정하고 있습니다.

PROFILE
시라이 에리

회사원 생활을 하다가 프랑스 요리점에서 일하게 된다. 2017년에 가쿠게이 대학을 마치고 개업했다. 프랑스 요리를 중심으로 유기농 채소 등 건강한 식재료를 사용하여 첨가물이나 화학조미료를 넣지 않고 내추럴 와인에 어울리는 식의 부드러운 베트남 요리를 만들고 있다. 가장 좋아하는 반미 속 재료는 간 파테.

REGULAR MENU (가격은 오른쪽이 하프 사이즈)
프리미엄 반미 1058엔
오리지널 반미 842엔
돼지 삼겹살 반미 950엔
고등어 토마토 반미 918엔
소 볼살 반미 950엔

SHOP DATA
도쿄도 메구로구 타카반 2-16-23 M&K 타카반 1층
https://standbanhmi.com
※ 2019년 7월경, 위의 주소로 이전 예정.
　세부 사항은 Instagram 「@standbanhmi」에서 확인.

반미를 사랑하는 따섯 세프가 알려주는
새로운 스타일의 특별한 반미 레시피

고수

무와 당근 초무침

수제 치슈

Section 2

NEW STYLE
BÁNH MÌ

kitchen.(키친)

여러 가지 식감과 향기,
맛을 즐길 수 있는 샌드위치를 만들어요

모던 베트남×반미

케이터링 주문으로 반미를 만들 때가 종종 있습니다. 동남아시아는 쌀 문화라는 이미지가 강해서 처음 베트남에서 빵 사이에 재료를 끼운 반미를 봤을 때는 깜짝 놀랐습니다. 게다가 샌드위치뿐만 아니라 빵을 꾹 눌러서 벌꿀에 적셔 숯불에 굽거나 푹 쪄서 소보로를 얹는 등 다양하게 즐겼으니까요. 외국의 식문화를 자신들의 방식으로 응용하는 베트남 사람들의 아이디어가 참 재미있었습니다. 여전히 옛날식 반미 가게에 줄을 서는 손님도 많을 뿐 아니라 생선장(느억맘 등)을 사용하지 않는 비건 반미를 만드는 카페나

핀초스처럼 집어 먹을 수 있게 제공하는 레스토랑 등 자꾸 새로운 가게가 생겨나고 있어서 이제는 그야말로 논 스타일이라고 할 정도입니다. 반미는 무한의 가능성이 있는 요리가 아닐까요?
저도 반미를 만들 때 저만의 오리지널 반미를 만드는 것이 더 재미있다고 느낄 때가 많습니다. 새로운 레시피를 짤 때는 고기나 생선, 달걀 등 주된 속 재료부터 먼저 정합니다. 그리고 거기에 초무침이나 피클처럼 아삭아삭하고 새콤한 야채를 곁들인다면 다른 재료는 어떤 게 좋을지 잘 생각해봅니다. 다음에 허브나 오이, 파 등 상큼한 향이나 맛으로 악센트를 줄 수 있는 것도 더합니다. 마지막으로는 직접 먹어보고 전체적인 균형감이 베트남식 요리가 될 수 있도록 조정합니다. 제일 중요한 점은 일반적인 샌드위치처럼 일체감을 유지하도록 만들지 않는 것입니다. 여러 식감과 향기, 맛을 즐기는 것이야말로 반미의 재미라고 생각합니다.

PROFILE
스즈키 마스미

푸드 코디네이터 일을 하다가 베트남 요리에 빠져 베트남으로 이주. 2년간 요리 수행을 거치고 귀국하여 2002년에 「kitchen.」을 오픈했다. 현대적인 맛의 요리로 많은 팬을 보유하고 있다. 가장 좋아하는 반미 재료는 고기 경단 숯불구이.

SHOP DATA
니시아자부 교차점 근처, 큰길에서 하나 더 들어간 한적한 골목길에 위치한다. 허브나 잎채소는 시원하게 듬뿍 넣지만 맛은 섬세하다. 2000년대 초반부터 베트남 요리 붐을 이끌어온 가게 중 하나다.

도쿄도 미나토구 니시아자부 4-4-12 뉴 니시아자부 빌딩 2층
03-3409-5039
18:30~22:00
월, 토, 일, 공휴일 정기 휴무

그릴 치킨 반미

탄두리 치킨을 베트남식으로 재해석한 반미. 소스는 '제노베제*'의 바질을 고수로, 잣을 땅콩으로 바꾸었다. 크레송과 루꼴라로 상큼한 쓴맛을 곁들이고, 느억맘이 들어간 달콤한 타레 소스로 절인 무와 당근을 넣었다.

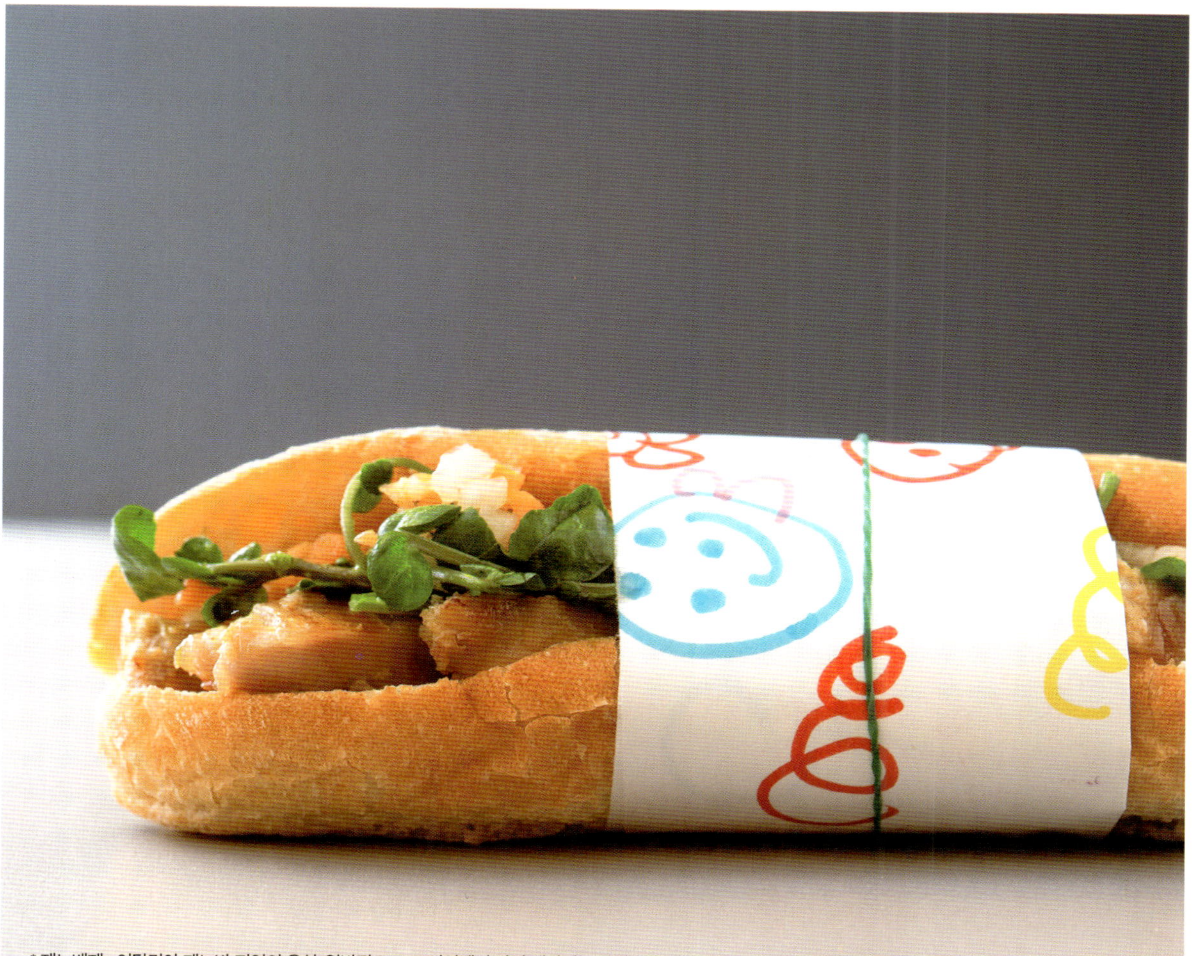

* 제노베제 : 이탈리아 제노바 지역의 음식. 일반적으로 그 지역에서 많이 생산되는 바질 페스토를 이용해 만든 음식을 말한다. 예) 제노베제 파스타

③ 팍치 제노베제
② 그릴 치킨
① 무염 버터
⑥ 마요네즈
④ 크레송과 루꼴라
⑤ 무와 당근 느억참 무침

튀김 채소, 그린 처트니와 크림치즈 반미

채소는 따끈하게 갓 튀겨서 빵에 끼웠다. 레몬으로 채소를 무치는 인도식 샐러드 '카춤버'로 개운한 느낌을 주고, 그린 처트니로 상큼한 향기와 알싸한 맛을 곁들인다. 크림치즈의 감칠맛과 피클의 산미가 더해져서 환상적인 맛으로 만들어진다.

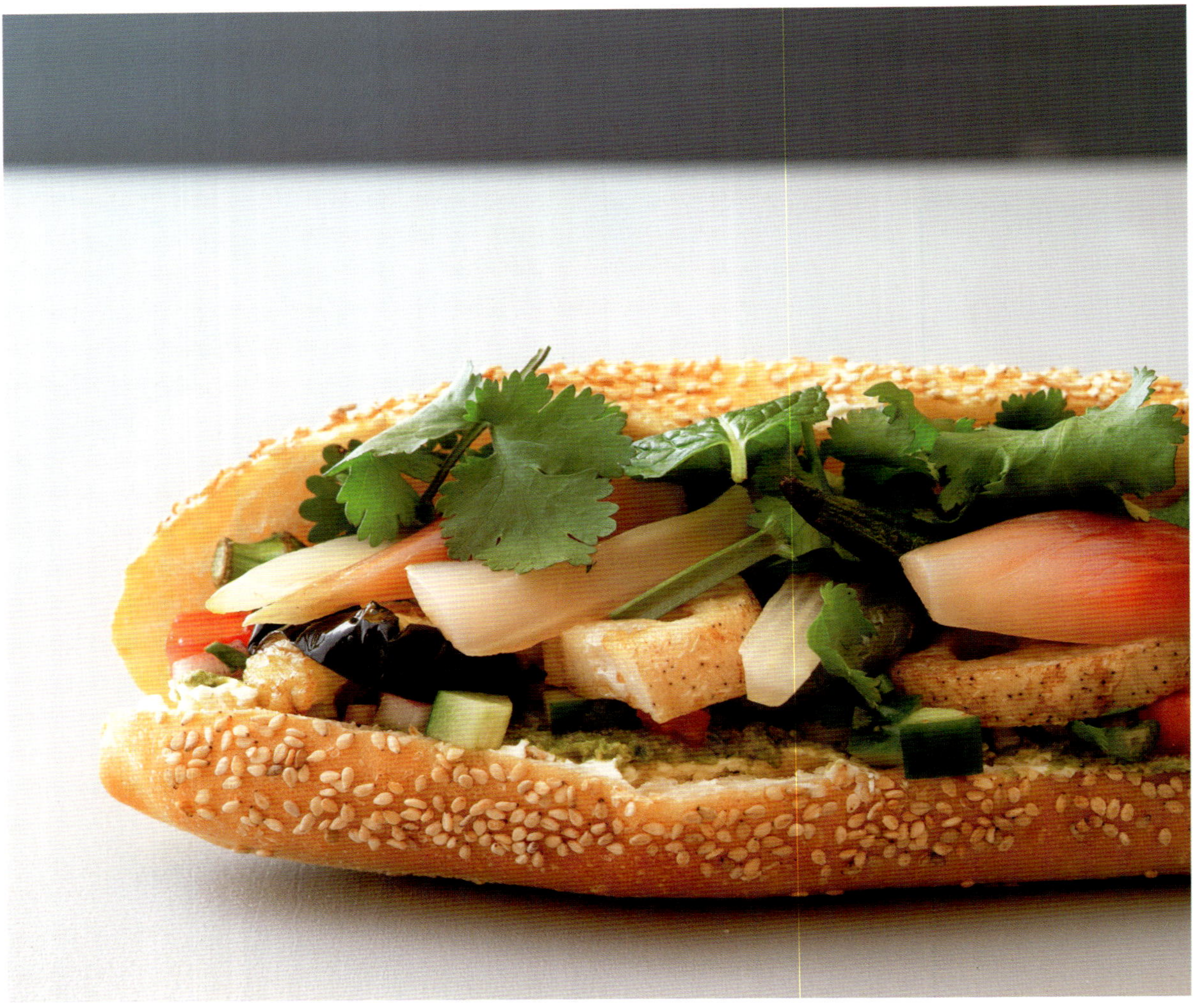

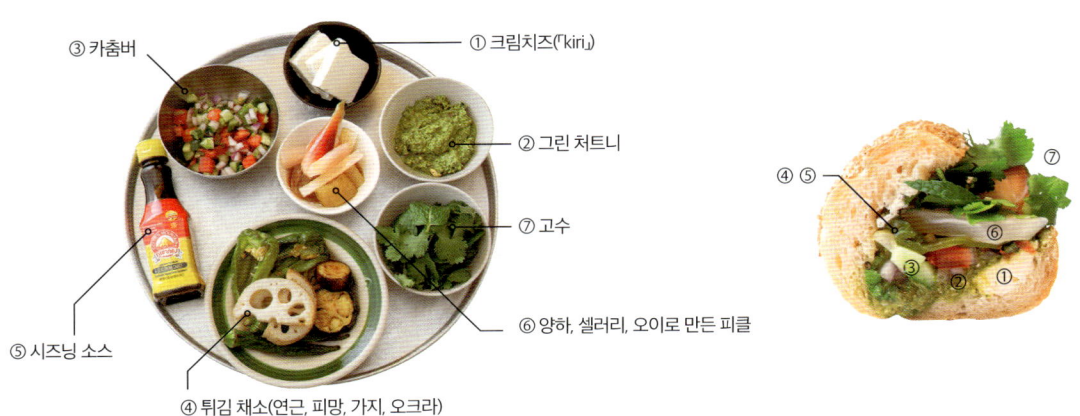

③ 카춤버
① 크림치즈(「kiri」)
② 그린 처트니
⑦ 고수
⑥ 양하, 셀러리, 오이로 만든 피클
⑤ 시즈닝 소스
④ 튀김 채소(연근, 피망, 가지, 오크라)

④ ⑤
⑦
⑥
③
②
①

야키소바 반미

야키소바빵을 반미 버전으로 만들었다. 바삭하게 튀긴 야키소바는 느억맘과 스위트 칠리 소스를 베이스로 한 새콤달콤한 타레 소스를 뿌리고 레몬 밤, 민트와 함께 빵에 끼운다. 야키소바라는 속 재료 때문에 친숙하고 고전적인 맛일 것 같지만 현대식 퓨전 요리로 만들어낸 반미.

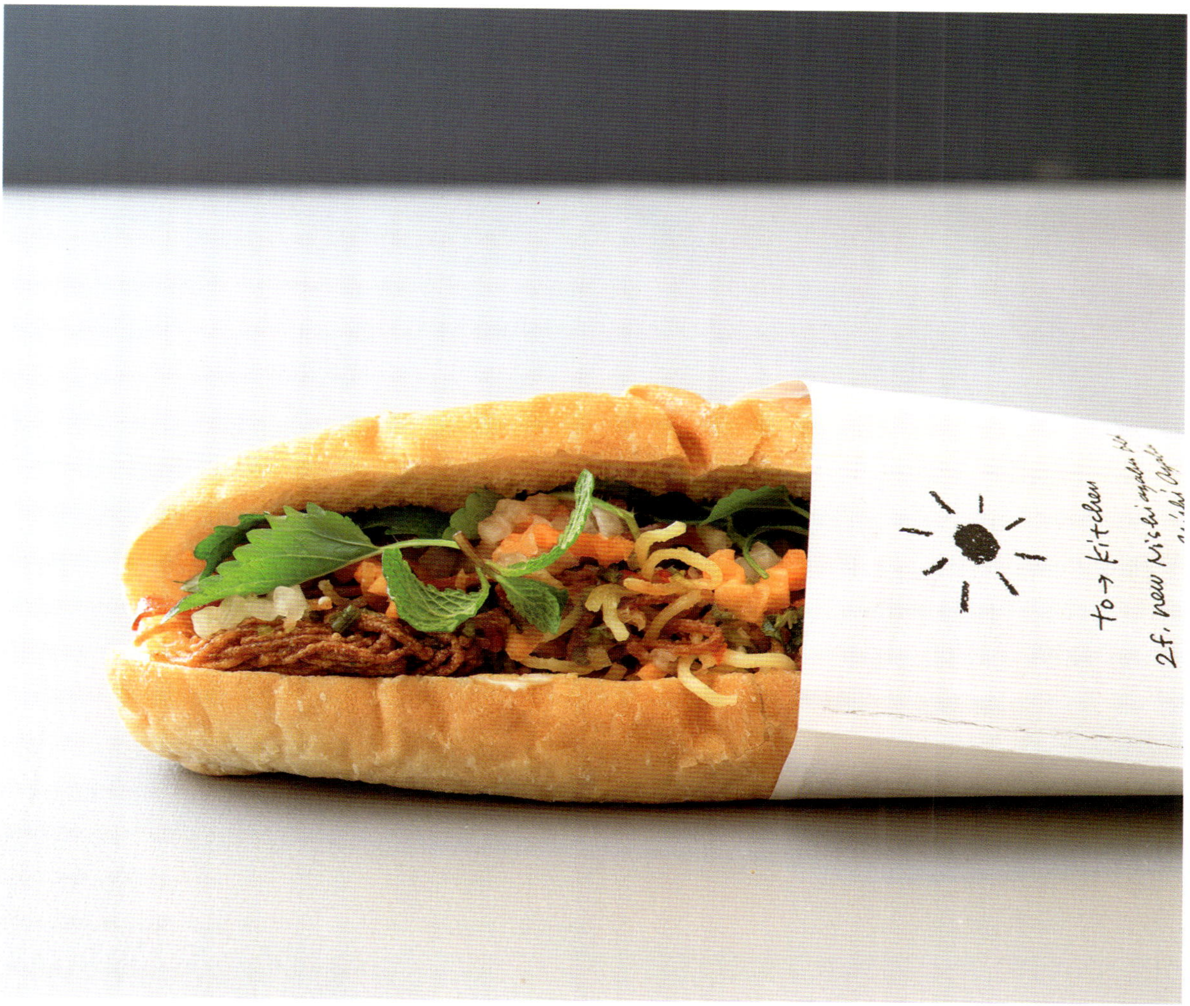

⑤ 레몬 밤과 민트
① 마요네즈
② 야키소바
③ 베이컨(바삭하게 구운 것)
④ 무와 당근 느억참 무침

⑤
④
③
②
①

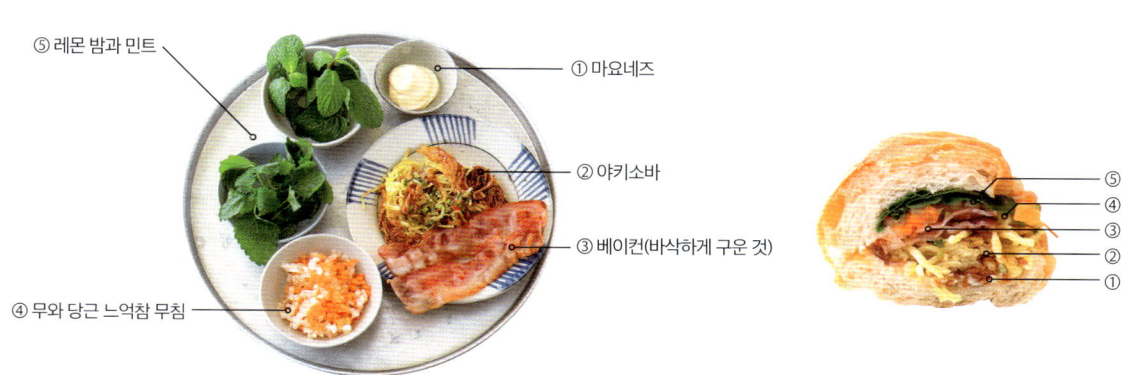

타마린드 참치 마요 반미

참치 마요에 아삭한 적양파, 타마린드의 산미, 고수의 잎과 씨앗의 향을 더했다. 태국에서 '바이 마끄룻'이라고 부르는 카피르 라임 잎을 바삭하게 튀겨 향과 식감을 살려서 빵에 함께 끼운다.

③ 카피르 라임 잎 튀김
① 타마린드 참치 마요
② 무와 당근 느억참 무침

②
①
③

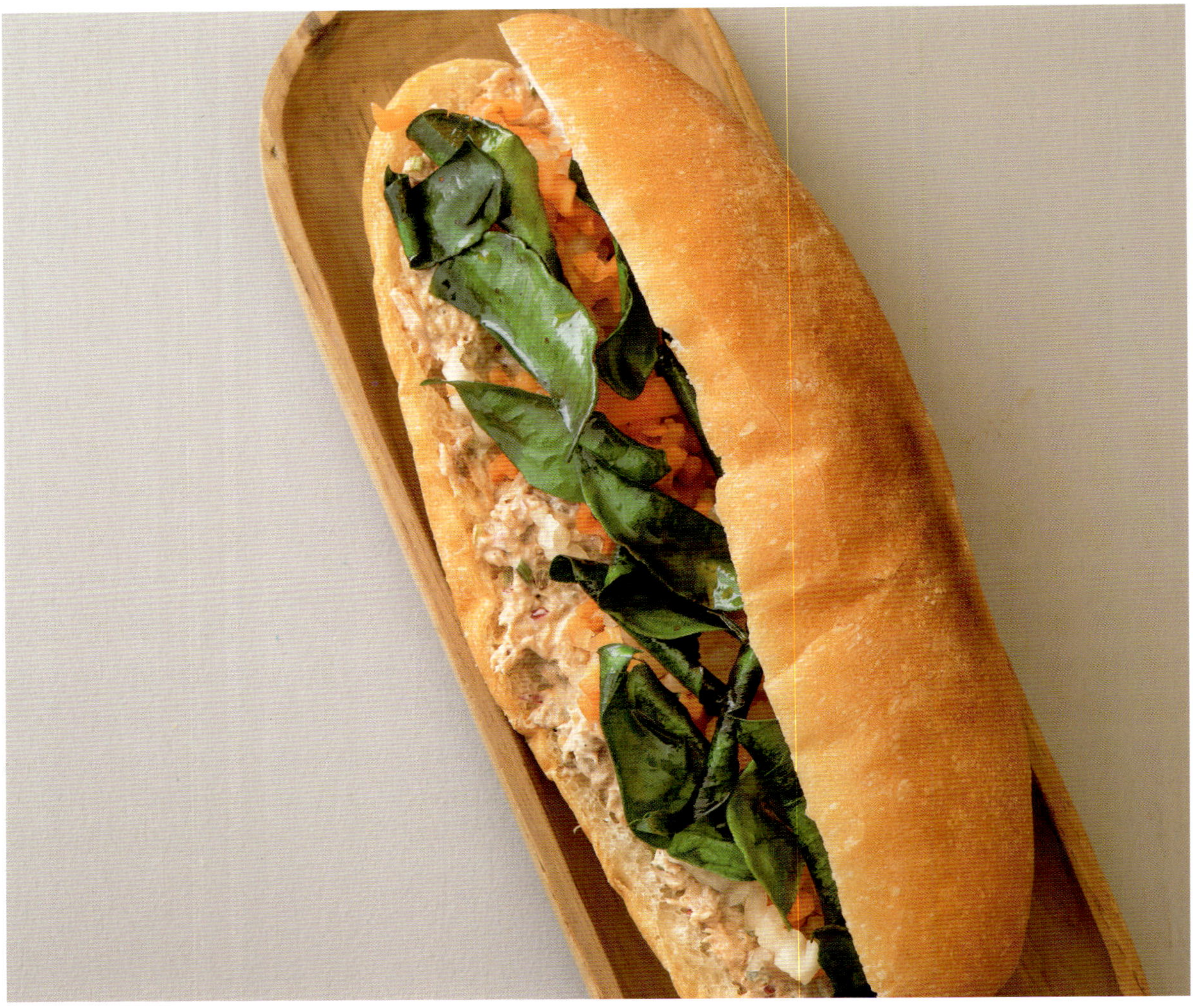

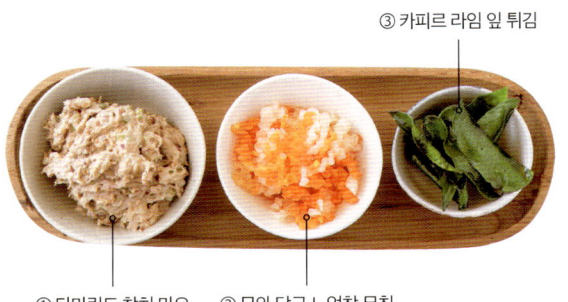

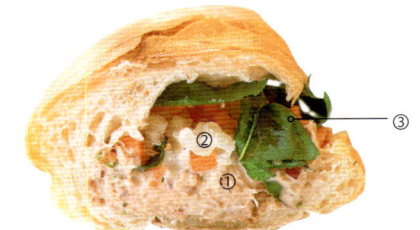

두부와 토마토소스 반미

레몬그라스와 함께 튀긴 두부는 향기로우면서 부드러운 맛이다. 토마토와 버섯의 맛을 응축해서 만든 감칠 맛 나는 소스, 향이 진한 딜, 상큼한 피클이 어우러져 화려한 풍미가 돋보이는 구성으로 만들었다.

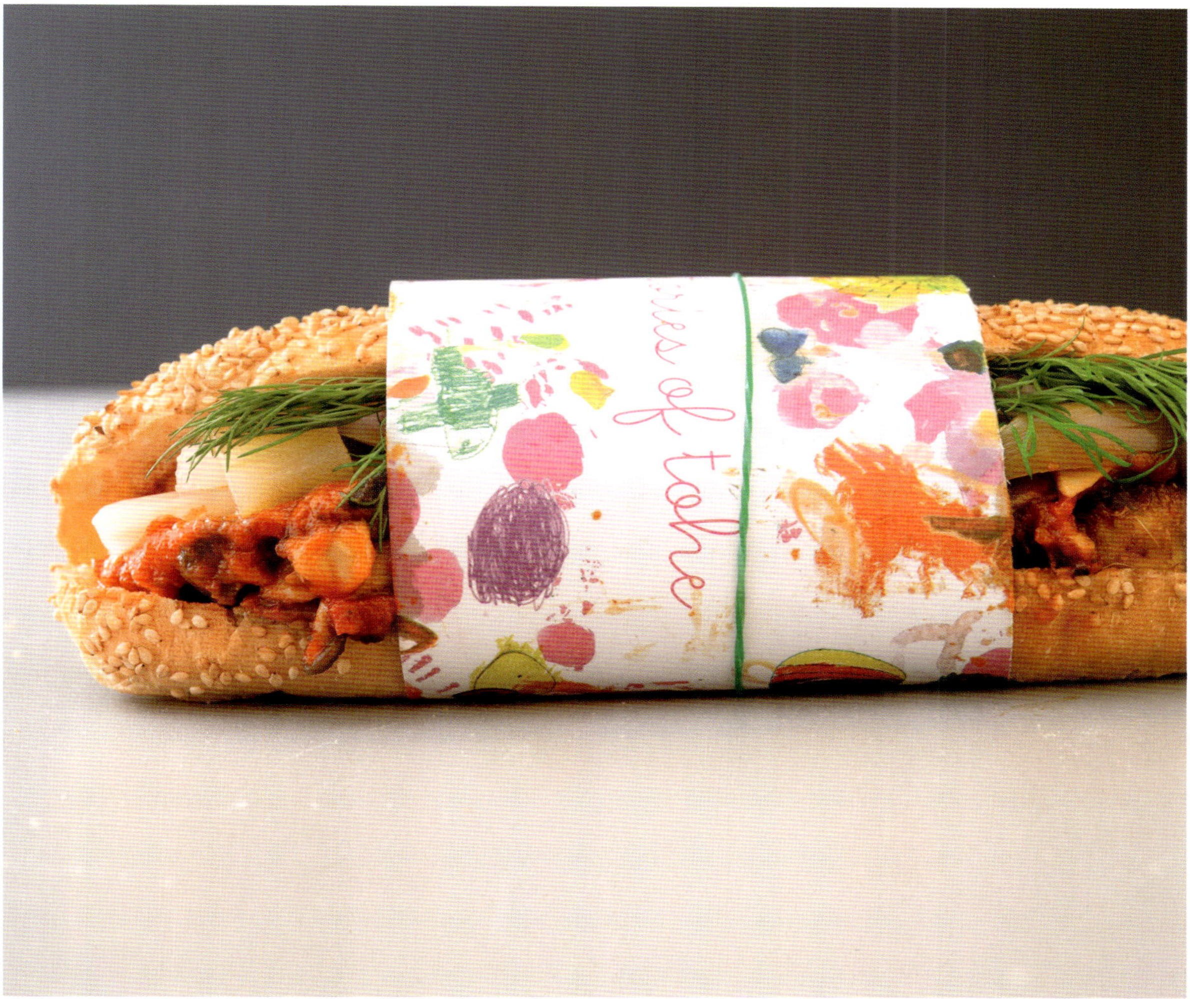

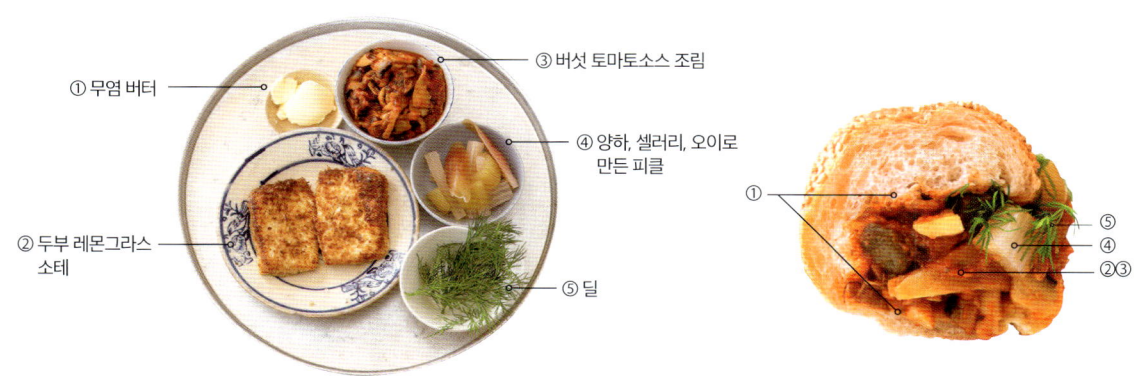

① 무염 버터
② 두부 레몬그라스 소테
③ 버섯 토마토소스 조림
④ 양하, 셀러리, 오이로 만든 피클
⑤ 딜

①
⑤
④
②③

kitchen.

※ 분량을 특별히 기재하지 않은 경우는 만들기 쉬운 분량을 의미합니다.

그릴 치킨 반미 (P.75)

③ 팍치* 제노베제 … 1과1/2큰술
② 그릴 치킨 … 닭 허벅지살 1/2개
① 무염 버터 … 2큰술
⑥ 마요네즈 … 1과1/2큰술
⑤ 무와 당근 느억참 무침(P.82 하단 ② 참조) … 적당량
④ 크레송과 루꼴라 … 적당량

* 팍치 : 고수의 태국말

② 그릴 치킨 (반미 2개 분량)
닭 허벅지살 … 1개

A | 다진 레몬그라스 … 2와 1/2큰술
  | 다진 적양파 … 1과1/2큰술
  | 쪽파(2cm 길이로 썬 것) … 2줄기
  | 플레인 요구르트(무가당) … 1큰술
  | 농축 우유 … 1과1/2큰술
  | 느억맘 … 1큰술
  | 시즈닝 소스 … 1/2큰술
  | 그래뉴당 … 1큰술 약간

1. 닭고기는 두께가 균일하게 칼로 자르고, 포크로 껍질을 몇 곳 찔러둔다.
2. A를 섞은 다음 1을 담그고 냉장고에서 하룻밤 재운다.
3. 프라이팬에 쌀기름(분량 외, 적당량)을 두르고, 2를 껍질부터 굽는다. 구수한 향기가 나고 바삭하게 구워지면 뒤집어서 반대도 마찬가지로 굽는다. 먹기 좋은 두께로 썬다.

③ 팍치 제노베제 (만들기 쉬운 분량)
고수 줄기 … 80g
땅콩 … 20g
쌀기름 … 150ml
느억참* … 200ml

* : 느억맘, 레몬즙, 그래뉴당, 물을 1:1.5:1.5:1 비율로 섞고, 다진 마늘과 홍고추(생)를 적당량 넣는다.

1. 고수 줄기, 땅콩, 쌀기름을 푸드 프로세서에 넣어 매끄럽게 갈고, 느억참을 넣어 섞는다.

튀김 채소, 그린 처트니와 크림치즈 반미 (P.76)

③ 카춤버 … 2큰술
① 크림치즈(「kiri」) … 3개(54g)
② 그린 처트니* … 3큰술
⑦ 고수
⑥ 양하, 셀러리, 오이로 만든 피클 (P.83 ④ 참조) … 각 두 조각씩
⑤ 시즈닝 소스
④ 튀김 채소(연근, 피망, 가지, 오크라)

* 처트니 : 과일이나 채소에 향신료, 식초 등을 넣어 만드는 인도의 소스

② 그린 처트니
스피아민트 잎 … 2컵
고수(2cm 길이로 썬 것) … 1컵
청고추(곱게썰기 한 것) … 2~3개
적양파(대강 썬 것) … 1/4개
피망(씨를 빼서 1cm 폭으로 썬 것) … 1개
생강 … 1쪽
마늘 … 작은 것 1쪽(약 6g)
레몬즙 … 약 3큰술
땅콩* … 2큰술
소금 … 3/4작은술
커민 파우더 … 1작은술

* 베트남산의 입자가 작은 땅콩을 사용했다. 없다면 버터 땅콩(볶은 땅콩에 버터로 맛을 낸 과자)을 써도 된다.

1. 재료를 모두 믹서에 넣고 페이스트 상태로 만든다. 굳기는 레몬즙의 양으로 조절한다. 랩으로 싸서 얇게 펴서 냉동 보관 가능.

③ 카춤버 (반미 2개 분량)
오이(씨 뺀 것) … 30g
토마토(씨 뺀 것) … 30g
적양파 … 30g
다진 고수 … 15g
소금 … 1/4작은술
레몬즙 … 1/2큰술
고춧가루(굵게 간 것) … 소량

1. 오이, 토마토, 적양파는 5mm로 깍둑썰기 한다. 그 밖의 재료와 섞어 준다.

④ 튀김 채소 (반미 1개 분량)
연근(반달썰기 한 것) … 2장
피망(세로 절반으로 썬 것) … 1개
가지(편썰기 한 것) … 2~3장
오크라 … 2개
시즈닝 소스 … 적당량
쌀기름 … 적당량

1. 프라이팬에 쌀기름을 2cm 깊이로 넣고 달군 다음 채소를 튀긴다.
2. 시즈닝 소스를 뿌린다.

야키소바 반미 (P.77)

⑤ 레몬 밤과 민트 … 적당량
① 마요네즈 … 1큰술
② 야키소바 … 1/2봉지
③ 베이컨(바삭하게 구운 것) … 2장
④ 무와 당근 느억참 무침 (하단 ② 참조) … 적당량

② 야키소바 (반미 2개 분량)

A │ 다진 레몬그라스 … 1/2줄기
│ 다진 고수 … 적당량
│ 스위트 칠리 소스 … 2큰술
│ 느억맘 … 2와 1/2큰술
│ 레몬즙 … 1과 2/3큰술
│ 그래뉴당 … 1큰술
야키소바 면 … 1봉지

1. A를 섞어둔다.
2. 프라이팬에 쌀기름(분량 외)를 넉넉히 넣어 달구고 면을 넣는다. 면을 거의 휘젓지 않은 채 한 면이 바삭해질 때까지 튀기고 반대쪽도 마찬가지로 튀긴다.
3. 1에 2를 넣고 버무린다.

바삭하게 튀긴 야키소바 면에 고수가 들어간 매콤하고 새콤달콤한 소스를 고루 묻혀준다.

타마린드 참치 마요 반미 (P.78)

③ 카피르 라임 잎 튀김 … 적당량
① 타마린드* 참치 마요 … 90g
② 무와 당근 느억참 무침 … 적당량

* 타마린드 : 땅콩과 비슷한 외향을 가진 새콤한 향신료

① 타마린드 참치 마요 (반미 3개 분량)

참치 … 120g
마요네즈 … 50g
타마린드 페이스트 … 40g
다진 적양파 … 30g
다진 고수 줄기 … 20g
코리앤더 시드 … 5g
흑후추 … 소량

1. 재료를 모두 섞는다.

② 무와 당근 느억참 무침

무(두껍게 채 썬 것) … 100g
당근(두껍게 채 썬 것) … 50g
소금 … 1작은술 미만
A │ 느억맘 … 2큰술
│ 레몬즙 … 3큰술
│ 그래뉴당 … 3큰술
│ 물 … 2큰술
│ 다진 마늘 … 1/2작은술
│ 다진 홍고추(생) … 1/3개

1. 무와 당근은 소금을 뿌려 15분간 둔다.
2. A를 섞는다. 그래뉴당이 다 녹을 때까지 젓는다.
3. 1을 물로 씻어 물기를 꼭 짜고 2에 넣어 2~3시간 이상 절인다.

③ 카피르 라임 잎 튀김
카피르 라임 잎 … 적당량
쌀기름 … 적당량

1. 카피르 라임 잎은 줄기를 따라 반으로 접고, 줄기를 제거하여 절반으로 자른다.

2. 프라이팬에 1~2cm 정도 깊이로 쌀기름을 넣고, 1을 넣어 튀긴다. 잎이 바삭하게 튀겨지면 꺼낸다.

두부와 토마토소스 반미 (P.79)

① 무염 버터 … 1.5큰술
② 두부 레몬그라스 소테 … 1/2모
③ 버섯 토마토소스 조림 … 70g
④ 양하, 셀러리, 오이로 만든 피클 … 각 두 조각씩
⑤ 딜 … 적당량

② 두부 레몬그라스 소테 (반미 2개 분량)
목면 두부* … 1모(350g)
다진 레몬그라스 … 50g
소금 … 1/2작은술
쌀기름 … 적당량

* 목면 두부 : 콩물을 목면 천을 씌운 형틀에 넣어 만든 두부. 표면에 목면 무늬가 보인다. 시중에서 흔히 볼 수 있는 두부를 가리킨다.

1. 목면 두부는 물기를 빼서 세로로 절반 자른 다음, 두께가 절반이 되도록 가로로 한 번 더 자른다. 레몬그라스와 소금을 뿌려 30분간 마리네로 조리한다.
2. 프라이팬에 2cm 정도의 깊이로 쌀기름을 넣고 달군다. 1의 물기를 제거하고 넣어 양면을 바삭하게 튀긴다.

③ 버섯 토마토소스 조림
호두 오일 … 적당량
버섯* … 300g
소금 … 1작은술
홀 토마토** … 400g
A │ 시즈닝 소스 … 2작은술
  │ 그래뉴당 … 2작은술

* : 만가닥버섯, 새송이버섯, 팽이버섯, 양송이버섯을 섞어 사용한다.
** : 믹서에 갈아 퓌레 상태로 만든다.

1. 프라이팬에 호두 오일을 두르고 가열한 다음, 버섯을 넣어 볶고 소금을 뿌린다.
2. 버섯에서 물기가 배어 나오면 홀 토마토를 넣고 졸인다.
3. A를 넣고 국물이 없어질 때까지 졸인다.

④ 양하, 셀러리, 오이로 만든 피클
양하 … 적당량
셀러리 … 적당량
오이 … 적당량
A │ 사과 식초 … 200ml
  │ 물 … 200ml
  │ 그래뉴당 … 5큰술
  │ 소금 … 2작은술
  │ 코리앤더 시드 … 1/2큰술
  │ 다진 레몬그라스 … 3줄기

1. 양하, 셀러리, 오이는 큼지막하게 썰어 살짝 데친다.
2. A를 섞어 한소끔 끓이고 1에 뿌린다. 12시간 이상 절인다.

Ăn Đi (앤디)

재료, 소스, 채소, 향기를
한 개의 빵에 모두 담았습니다.

일본의 발효 문화×반미

평소 가게에서 반미를 판매하지는 않지만, 이벤트나 케이터링으로 종종 만들 때가 있습니다. 실은 처음 베트남에 갔을 때 가장 맛있다고 느낀 베트남 요리가 반미였어요. 가벼운 식감의 빵에 재료가 가득 차 있는 데다 다채로운 맛이 나서 대단한 요리라고 생각했습니다. 가게마다 다른 반미를 파는 것을 보고 어떤 재료를 끼워 넣어도 맛있는 요리란 것도 알게 됐지요.

반미의 구성을 짜는 것은 한 접시의 요리를 구축하는 것과 같습니다. 지금까지 프랑스 요리를 만들어온 경험을 기반으로 빵 속에 주요 재료, 소스, 곁들이는 채소, 향신료나 허브 등의 향기 요소를 조합해 보는 것이지요. 이번에는 일본과 베트남 모두 영토가 남북으로 길고 지역에 따라 서로 다른 식문화를 가진 점에 영감을 얻어 일본 각지의 향토 요리와 반미의 융합을 테마로 삼아보았습니다. 구성을 짤 때, 먼저 북쪽의 홋카이도에서 남쪽의 오키나와까지 각지의 향토 요리를 선정하고 그다음에 그 요소를 분해하여 무엇을 살릴까 정했습니다.

베트남에서 매일 두 개 이상의 반미를 먹어본 결과, 맛있는 반미에는 다양한 맛과 맵기, 향이 균형감 있게 들어 있다는 결론을 얻었습니다. 또한 초무침, 버터나 마요네즈와 같은 유지(油脂)가 빠질 수 없는 중요한 요소임을 깨달았습니다. 그래서 초무침은 피클이나 산미가 있는 발효 식품으로 대체하여 여러 종류의 재료를 넣었습니다. 오래전부터 연구해온 발효라는 요소를 적절히 적용해서 저희 가게, 「Ăn Đi」만의 반미를 만들 수 있었습니다.

PROFILE
나이토 치히로

조리사 전문학교 졸업 후, 「사이타브리아(니시아자부)」를 거쳐, 「레페르상스」에서 약 8년간 근무했다. 마지막 2년은 부요리장을 맡았다. 2018년에는 「Ăn Đi」의 셰프로 취임. 가장 좋아하는 반미 속 재료는 주문하자마자 구워주는 오믈렛.

SHOP DATA

긴자선 가이엔마에역에서 걸어서 5분 걸리는 곳에 위치. 음식점들이 늘어선 골목길에 자리하고 있다. 소믈리에인 오오코시 모토히로 씨가 2017년에 개점했다. 베트남 요리를 일본 식재료와 식문화를 통해 표현하는 모던 베트나미즈 레스토랑이다.

도쿄도 시부야구 진구마에 3-42-12
03-6447-5447
http://andivietnamese.com/
12:00~13:30(토, 일 한정), 18:00~23:00 월요일 정기 휴무

이시카리 나베×반미

홋카이도의 향토 음식인 '이시카리 나베*'를 테마로 삼은 반미. 된장에 코코넛을 추가하여 소스로 만들었다. 배추와 양파를 절임으로 만들고, 쑥갓은 생으로 사용하였다. 마지막에 뿌리는 산초는 산초순으로 바꾸고, 베트남에서 많이 사용하는 딜을 곁들였다.

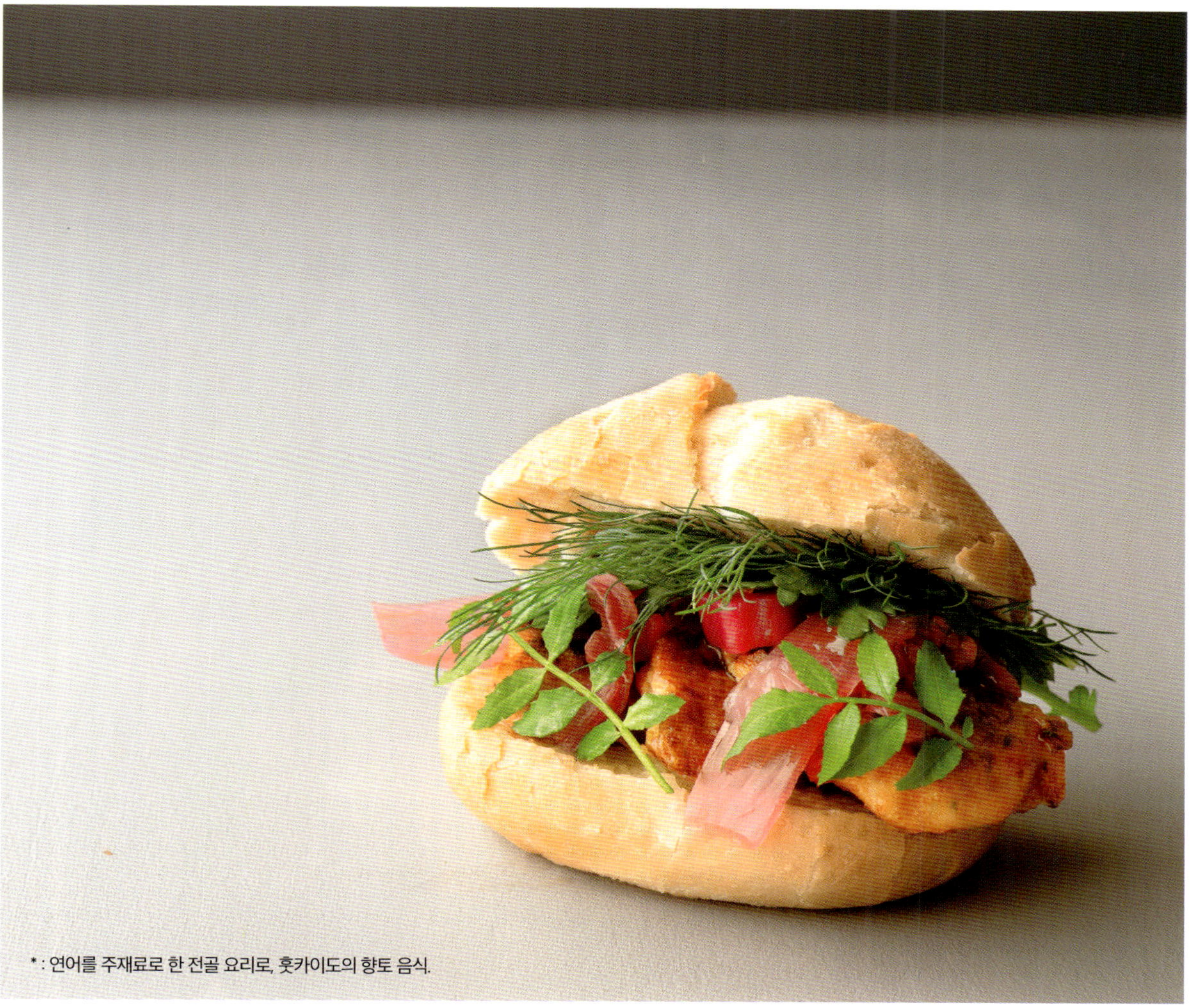

* : 연어를 주재료로 한 전골 요리로, 홋카이도의 향토 음식.

① 된장 코코넛 소스
② 연어 어묵
③ 숏츠루와 흑설탕이 들어간 느억참
④ 적양파 단 식초 절임
⑤ 절인 배추
⑥ 쑥갓, 딜, 산초순

야나가와 나베×반미

'야나가와 나베*'의 주재료인 미꾸라지 대신 조린 붕장어를 쓰고, 우엉은 생강과 함께 초무침으로 만들었다. 캐러멜을 녹이고 버터를 넣은 타마린드 츠메 소스는 나베 육수에 베트남의 맛을 더한 느낌으로 만들었다.

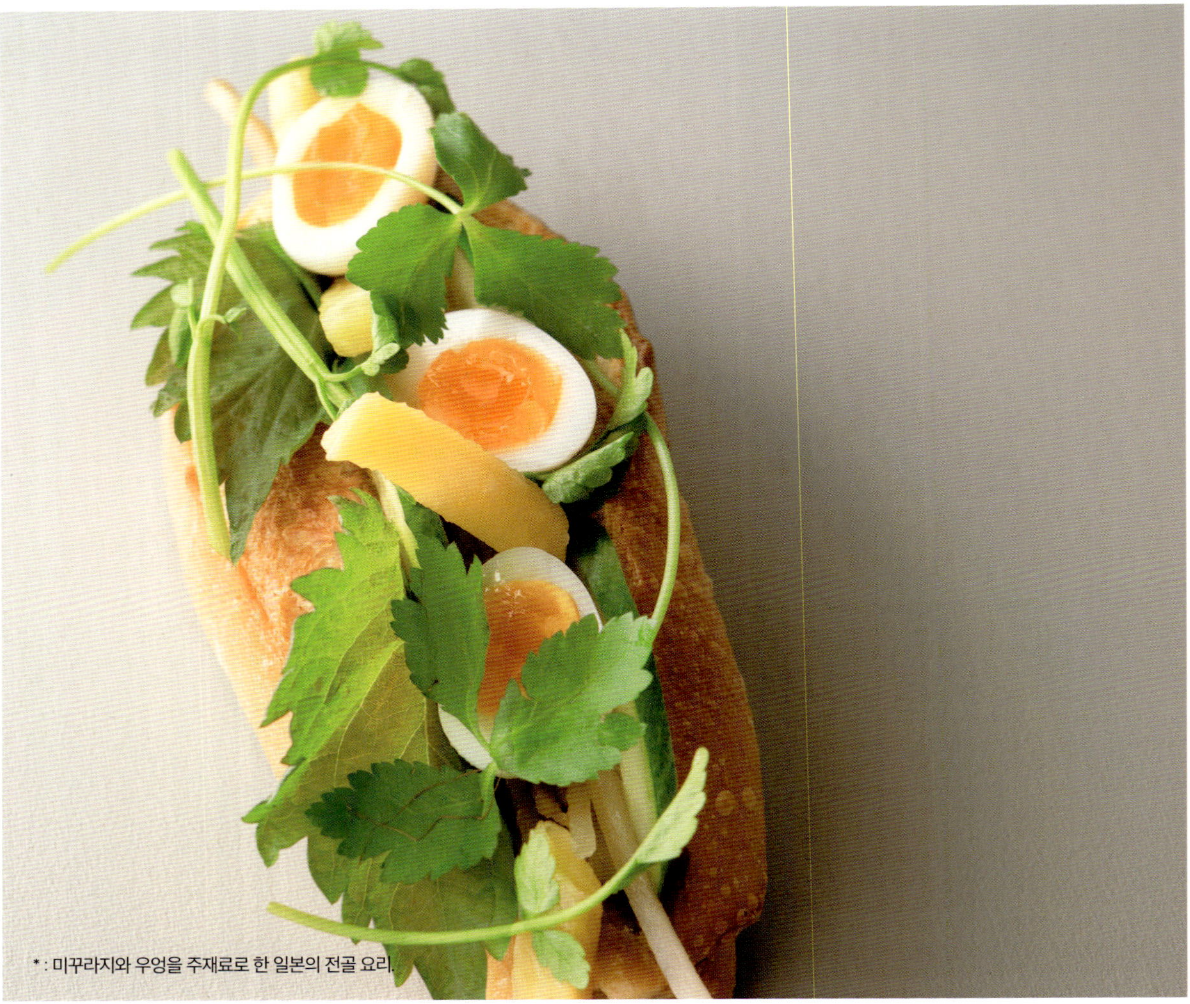

* : 미꾸라지와 우엉을 주재료로 한 일본의 전골 요리.

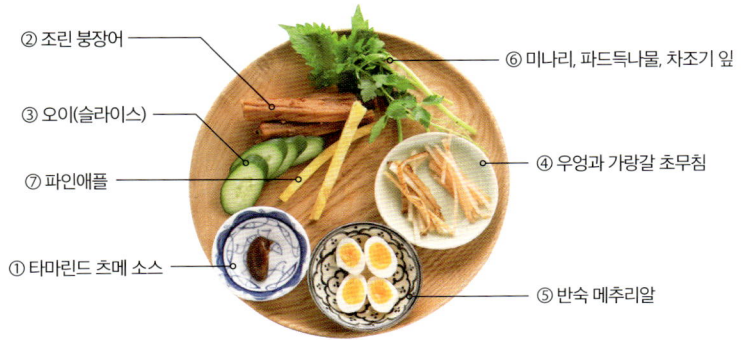

② 조린 붕장어
③ 오이(슬라이스)
⑦ 파인애플
① 타마린드 츠메 소스
⑥ 미나리, 파드득나물, 차조기 잎
④ 우엉과 가랑갈 초무침
⑤ 반숙 메추리알

⑦
⑥
⑤
④
③
②
①

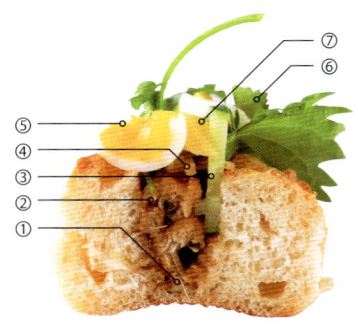

호쿠리쿠 지방의 발효 문화×반미

호쿠라코 지방의 향토 음식인 '고등어 헤시코*'와 '무와 두부 누카즈케**'를 곁들여서 만든 반미. 함께 곁들이는 두 가지 소스는 모두 발효 조미료를 조합하여 만들었다. 달콤한 망고, 루꼴라와 금시초를 넣어 다양한 맛을 냈다.

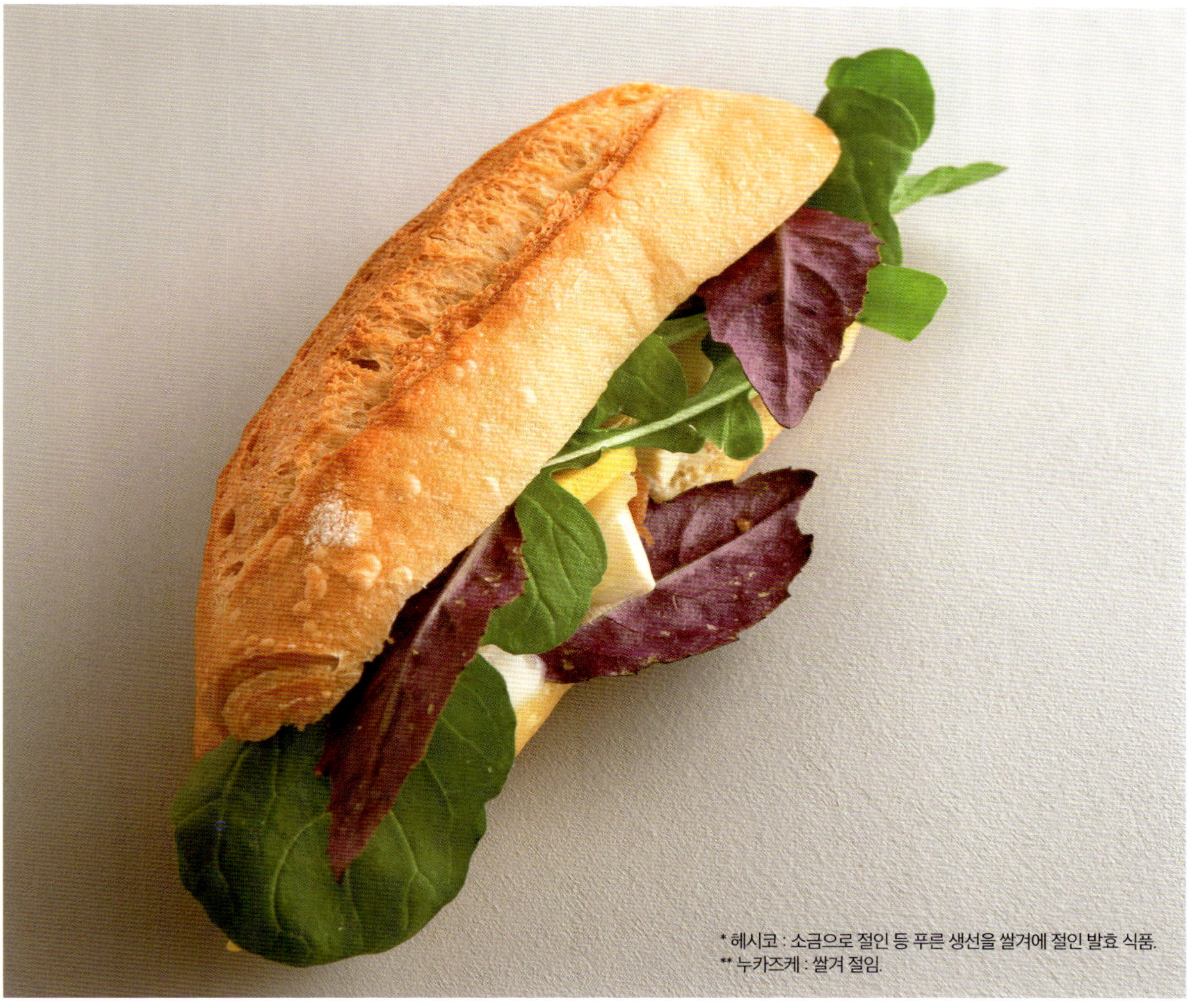

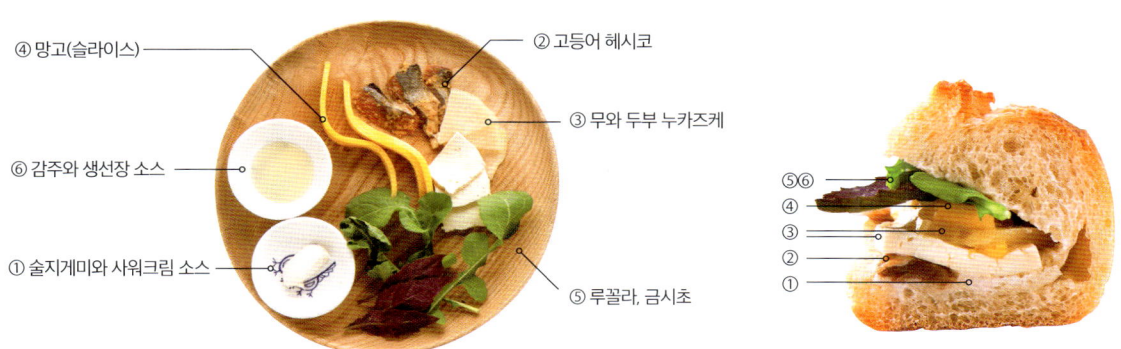

* 헤시코 : 소금으로 절인 등 푸른 생선을 쌀겨에 절인 발효 식품.
** 누카즈케 : 쌀겨 절임.

④ 망고(슬라이스)
② 고등어 헤시코
③ 무와 두부 누카즈케
⑥ 감주와 생선장 소스
① 술지게미와 사워크림 소스
⑤ 루꼴라, 금시초

⑤⑥
④
③
②
①

말고기 육회 반미

말고기 육회를 넣은 반미. 소스는 조미료로 사용하는 마늘에서 아이디어를 얻었다. 초무침 대신 직접 만든 겨자 연근을 사용하였으며, 쿠마모토산 감귤, 한라봉으로 향과 산미를 더했다.

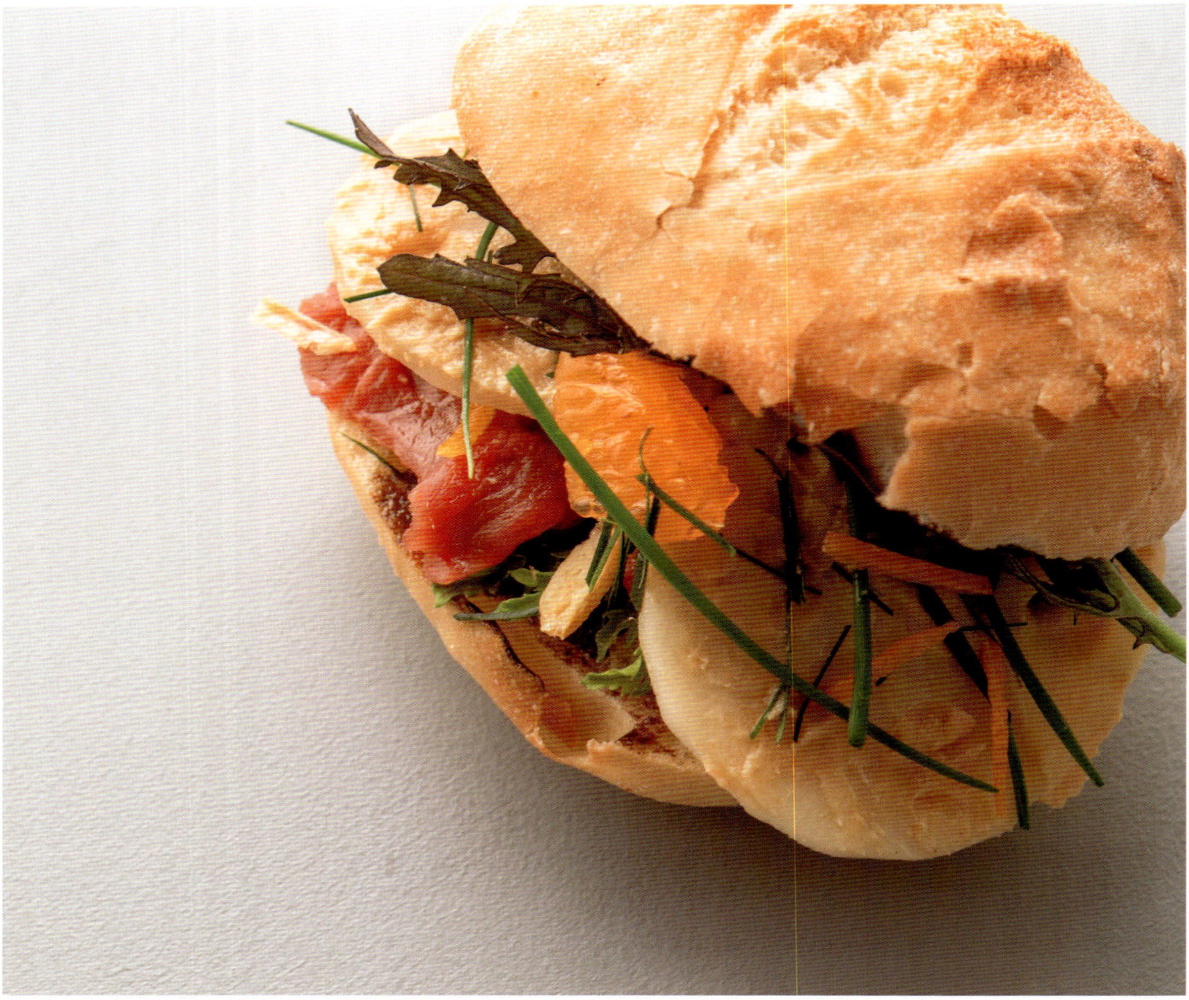

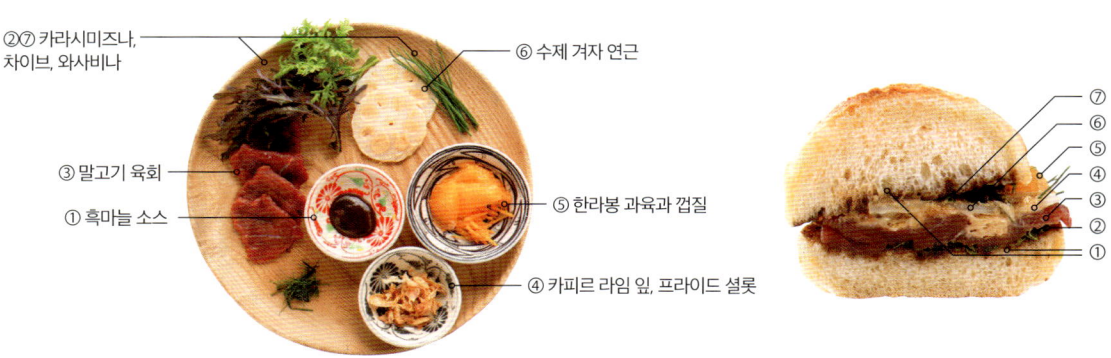

②⑦ 카라시미즈나,
차이브, 와사비나
⑥ 수제 겨자 연근
③ 말고기 육회
① 흑마늘 소스
⑤ 한라봉 과육과 껍질
④ 카피르 라임 잎, 프라이드 셜롯

⑦
⑥
⑤
④
③
②
①

고야 참푸루 반미

베트남의 길거리에서 먹었던 갓 만든 오믈렛을 끼운 반미의 맛을 '고야 참푸루*'로 표현했다. 고야는 피클로 만들고, 시마 락교나 큰실말 같은 오키나와 특산물을 넣어 만든 반미다.

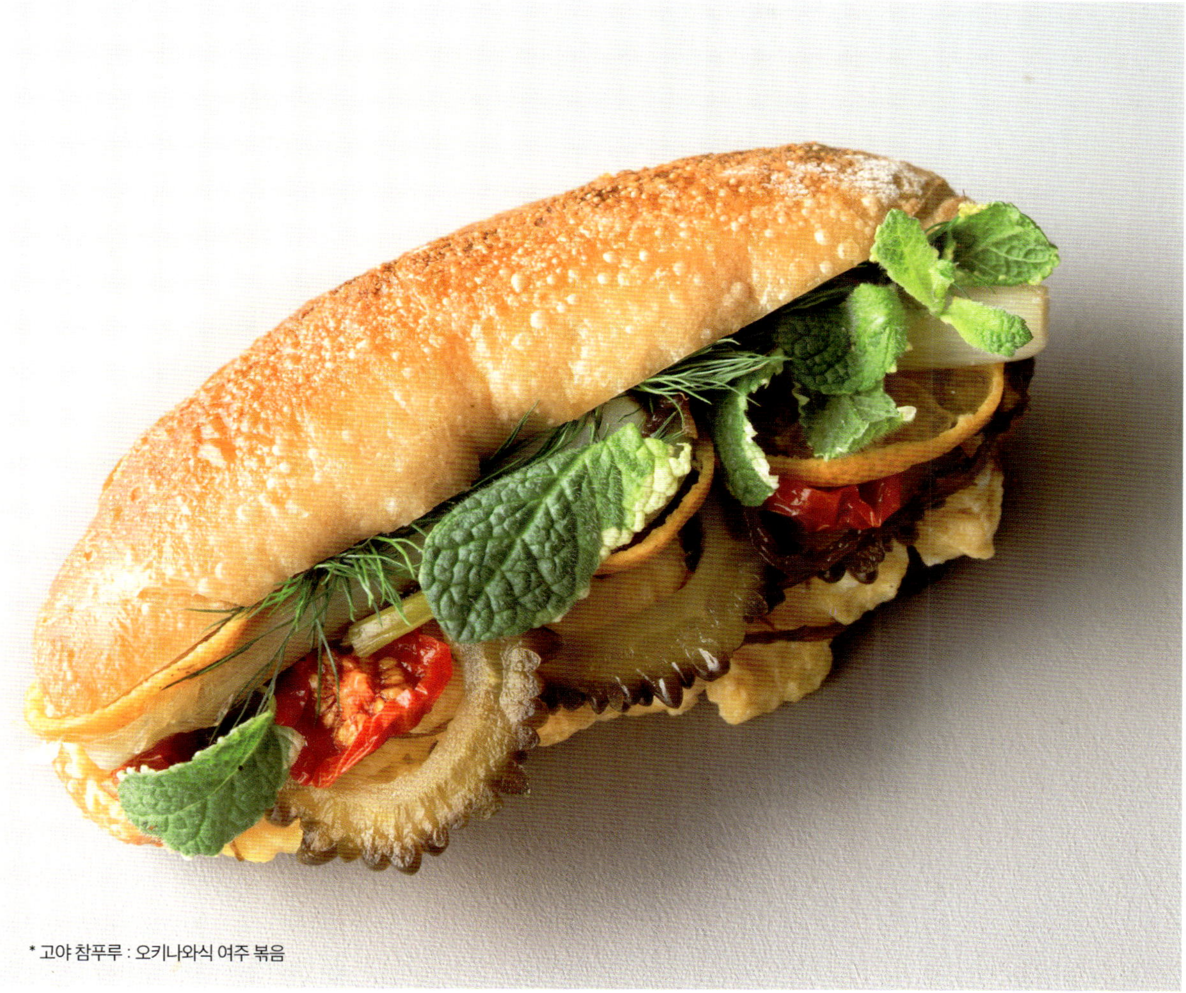

*고야 참푸루 : 오키나와식 여주 볶음

⑥ 시마 락교 피클
③ 고야 피클
② 오믈렛
⑦ 큰실말
④ 드라이 미니토마토
① 유자 후추 소스
⑦ 파인애플 민트 잎, 딜
⑤ 잘 익은 시콰사

Ăn Đi

※분량을 특별히 기재하지 않은 경우는 만들기 쉬운 분량을 의미합니다.

이시카리 나베×반미 (P.85)

② 연어 어묵 … 3개
⑥ 쑥갓, 딜, 산초순 … 적당량
④ 적양파 단 식초 절임 … 2조각
⑤ 절인 배추 … 적당량
① 된장 코코넛 소스 … 1큰술
③ 숏츠루*와 흑설탕이 들어간 느억참

⑥
⑤④
③
②
①

* 숏츠루 : 일본 아키타 지역의 생선장. 도루묵에 소금을 넣고 1년 동안 발효시킨 것.

① 된장 코코넛 소스
코코넛 밀크 … 100ml
백된장 … 25g
소금 … 적당량

1. 코코넛 밀크는 한소끔 끓이고 백된장을 섞는다. 소금으로 간을 맞춘다.

② 연어 어묵 (반미 2개 분량)
연어 … 300g
소금 … 6g
녹말물* … 100g
A | 두부(물기를 뺀 것) … 100g
　 | 백된장 … 20g
　 | 숏츠루 … 6g
　 | 참기름 … 적당량
　 | 간 생강 … 적당량
　 | 다진 고수 줄기 … 적당량

* : 녹말 25g을 물 75g에 녹인다.

1. 푸드 프로세서에 연어와 소금을 넣고 잘게 간다. 푸드 프로세서를 돌리면서 녹말물을 조금씩 더해 섞는다.
2. 1을 볼로 옮기고 A를 넣는다. 두부를 으깨면서 반죽하고 30g씩 나누어 납작하게 만든다.
3. 프라이팬에 한쪽 면씩 구워 속까지 익히고, 숯불에 쬐어 불향을 입힌다.

③ 숏츠루와 흑설탕이 들어간 느억참
숏츠루 … 40g
물 … 80g
흑설탕 … 36g
감귤즙 … 10g
녹말물* … 10g

* : 녹말 25g을 물 50g에 녹인다.

1. 냄비에 숏츠루, 물, 흑설탕을 넣고 가열한다. 흑설탕이 녹으면 녹말물을 더해 걸쭉하게 만든다.
2. 냄비를 불에서 내리고 식힌 다음 감귤즙을 넣는다.

④ 적양파 단 식초 절임 (반미 10개 분량)
적양파 … 250g
피클액
　| 물 … 200g
　| 쌀식초 … 100g
　| 그래뉴당 … 100g

1. 적양파는 약 1cm 두께로 빗 모양 썰기 하고 잘 뜯어놓는다.
2. 피클액의 재료를 모두 넣어 한소끔 끓인다. 동시에 다른 냄비에서 1을 가볍게 데친 다음 체에 건져놓고 따뜻할 때 뜨거운 피클액에 넣는다.
3. 냄비를 불에서 내리고 식으면 냉장고에 1~2시간 이상 둔다.

⑤ 절인 배추
배추(유기농 재배) … 적당량
소금 … 배추 중량의 1.2%

1. 배추를 잘게 썬다. 소금을 뿌리고 장갑을 낀 손으로 잘 비벼 섞는다. 소독한 용기에 넣고 상온에서 4~5일간 둔다. 물이 차오르고 배추가 잠길 때까지 하루 두 번 정도 전체를 뒤집어준다. 배추가(물에 잠기게 되면 입구에 랩을 단단히 감싼다.) 매일 맛보면서 산미가 부족한 것 같으면 가볍게 저어준다.

야나가와 나베×반미 (P.86)

② 조린 붕장어 … 약 1/2마리
③ 오이(슬라이스) … 4장
⑦ 파인애플(11~12cm의 긴 막대 형태로 썬 것) … 2개
① 타마린드 츠메* 소스 … 1.5작은술
⑥ 미나리, 파드득나물, 차조기잎 … 적당량
④ 우엉과 가랑갈** 초무침 … 적당량
⑤ 반숙 메추리알*** (절반으로 자른 것) … 2개

* 츠메 : 조린 붕장어, 문어, 대합 등의 초밥 재료에 바르는 달고 걸쭉한 다레 소스
** 가랑갈 : 태국, 베트남 등에서 사용되는 생강의 일종. 생강보다 풍미와 향이 강하다.
*** : 끓는 물에 냉장고에서 꺼낸 메추리알을 넣고, 2분 15초 삶았다가 얼음물에 넣는다.

① 타마린드 츠메 소스

타마린드 페이스트(블록 형태) … 100g
물 … 200ml
A │ 그래뉴당 … 50g
  │ 벌꿀 … 20g
  │ 진간장 … 30g
  │ 버터 … 30g

1. 냄비에 물을 넣어 끓이고 타마린드 페이스트를 찢어 넣는다. 바닥에 눌어붙지 않도록 가끔 저어주면서 중불로 한동안 끓인다.
2. 타마린드가 다 불면 냄비를 불에서 내리고 시누아*로 곱고 매끈하게 거르고 씨를 제거한다. A를 넣고 섞어준다.
3. 다른 냄비에 버터를 넣어 태운 버터로 만들고 2에 넣는다.

* : 눈 간격이 아주 촘촘한 얇은 금속 망

② 조린 붕장어 (반미 4개 분량)

붕장어(중간 크기, 손질한 것) … 160g
A │ 진간장 … 25g
  │ 물 … 100ml
  │ 술 … 100ml
  │ 흑설탕 … 30g
  │ 소금 … 적당량
  │ 고추(건조) … 1개

1. 붕장어는 뜨거운 물을 붓고 칼로 점액을 긁어낸다.
2. 냄비에 A를 모두 넣고 끓여 흑설탕이 녹으면 1을 넣는다. 뚜껑 대신 쿠킹 시트를 표면에 덮어 한소끔 끓인다. 가볍게 보글보글 끓을 정도로 불을 조절하여 약 30분 끓인다. 냄비를 불에서 내리고 국물에 담근 채 그대로 식힌다.

④ 우엉과 가랑갈 초무침 (반미 4개 분량)

우엉 … 80g
가랑갈 … 40g
피클액
  │ 물 … 200g
  │ 쌀식초 … 100g
  │ 그래뉴당 … 100g

1. 우엉과 가랑갈은 각각 잘게 채 썬다. 피클액의 재료를 모두 넣고 한고끔 끓인다.
2. 우엉은 생으로 뜨거운 피클액(분량의 절반)에 넣고 약 5분 동안 끓인다. 가랑갈은 잘 데쳐서 뜨거운 피클액(나머지 절반)에 담근다.
3. 각각 불에서 내리고, 식으면 냉장고로 옮겨 1~2시간 이상 둔다.

호쿠리쿠 지방의 발효 문화×반미 (P.87)

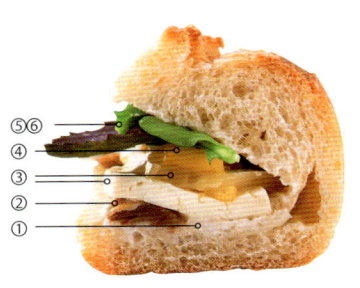

- ④ 망고(슬라이스) … 적당량
- ② 고등어 헤시코 … 3조각
- ③ 무와 두부 누카즈케 … 각각 3조각
- ⑥ 감주와 생선장 소스 … 약 1작은술
- ① 술지게미와 사워크림 소스 … 약 1.5작은술
- ⑤ 루꼴라, 금시초 … 각각 적당량

① 술지게미와 사워크림 소스
- 술지게미 … 25g
- 사워크림 … 50g
- 소금 … 소량

1. 재료를 모두 넣고 섞는다.

③ 무와 두부 누카즈케
- 무 … 적당량
- 목면 두부 … 적당량
- 겨된장 … 적당량

1. 무는 반으로 썬 것을 2~3일간 겨된장 속에 절였다가 얇게 썬다.
2. 두부는 물기를 뺀 후, 4일간 겨된장 안에 절였다가 꺼내 쌀겨가 묻은 상태 그대로 냉장고에 4일간 둔다. 쌀겨를 씻어낸 후 물기를 빼고 얇게 썬다.

⑥ 감주와 생선장 소스
- 수제 감주* … 100g
- 숏츠루 … 15g
- 감귤즙(하귤 등) … 10g

* : 쌀밥 300g, 물 300g, 쌀누룩(「테라다 혼케」) 100g을 요구르트 메이커에 넣고 55℃에서 24시간 가열한다. 시판품으로 대용 가능.

1. 감주는 믹서에 넣어 매끄럽게 만든 다음 숏츠루와 감귤즙을 넣어 섞는다. 감주가 너무 달아서 다른 맛을 가리는 것 같다면 소금(분량 외)으로 간을 맞춘다.

말고기 육회 반미 (P.88)

- ②⑦ 카라시미즈나*, 차이브(산파), 와사비나 … 각각 적당량
- ⑥ 수제 겨자 연근(얇게 썬 것) … 2장
- ③ 말고기 육회** … 3조각
- ① 흑마늘 소스 … 1작은술
- ⑤ 한라봉 과육과 껍질 … 적당량
- ④ 카피르 라임 잎과 프라이드 셜롯*** … 각각 적당량

* : 겨자과 야채
** : 소금을 살짝 뿌려 간을 해둔다.
*** : 카피르 라임 잎은 줄기를 떼어 다지고, 셜롯은 얇게 썰어 바삭하게 튀긴다.

① 흑마늘 소스
수제 마요네즈 … 100g
　달걀(큰 것) … 1개
　샐러드유 … 120g
　소금 … 적당량
흑마늘("알로하 팜")* … 30g
소금 … 적당량

* : 마늘을 껍질째 고온에서 발효한 것. 마늘의 색이 검어지면서 진득한 감촉과 단맛이 난다.

1. '수제 마요네즈'를 만든다. 볼에 달걀을 넣고 핸드 블렌더로 휘저으면서 샐러드유를 조금씩 넣는다. 소금으로 간을 맞춘다.
2. 믹서에 1과 껍질을 벗긴 흑마늘을 넣고 믹서를 돌릴 수 있을 정도의 물(분량 외)을 넣어 페이스트 상태로 만든다.

⑥ 수제 겨자 연근
연근 … 적당량
수제 마요네즈(① 참조) … 적당량
연겨자 … 적당량

1. 연근은 3mm 두께로 편썰기 하고 뜨거운 소금물에서 식감이 남을 정도로 살짝 데친다.
2. 마요네즈에 겨자를 섞는다.
3. 1을 랩 위에 늘어놓고, 팔레트 나이프로 2를 연근 구멍에 채운다.

고야 참푸루 반미 (P.89)

⑥ 시마 락교** 피클 … 3줄기
③ 고야 피클 … 2장
② 오믈렛 … 달걀 2개
⑦ 큰실말(소금기를 제거한 것) … 적당량
④ 드라이 미니토마토 … 4조각
① 유자 후추 소스 … 약 1작은술
⑦ 파인애플 민트 잎, 딜 … 각각 적당량
⑤ 잘 익은 시콰사*(편썰기 한 것) … 4장

* : 오키나와 특산품 레몬
** : 오키나와 락교 품종

① 유자 후추 소스
시마미캉으로 만든 유자 후추* … 20g
수제 마요네즈(상단 ① 참조) … 100g

* : 시마미캉(오키나와산, 지름 3cm 이하의 작은 귤) 100g은 굵직하게 썰어 꼭지, 씨, 껍질째로 푸드프로세서에 넣는다. 풋고추(생) 25g을 넣고 페이스트 상태로 만든다. 시마미캉과 청고추를 합친 중량의 20% 정도 되는 소금을 넣어 섞는다. 보존 용기에 넣어 상온에서 1주일 이상 숙성시킨다.

1. 재료를 모두 넣고 섞는다.

② 오믈렛 (반미 1개 분량)
달걀 … 2개
소금, 그래뉴당, 샐러드유 … 각각 적당량

1. 달걀을 풀고 소금과 소량의 그래뉴당을 넣는다. 프라이팬에 샐러드유를 두르고 가열한 다음 푼 달걀을 넣어 몽실몽실한 식감의 오믈렛을 만든다.

③ 고야 피클 (반미 1개 분량)
고야(여주) … 약 20g
피클액(P.91 ④ 참조) … 적당량

1. 고야(여주)는 속을 제거하고 3mm 두께로 편썰기 한다. 뜨거운 소금물에 살짝 데치고 체로 건진다.
2. 1이 뜨거울 때 갓 만든 뜨거운 피클액에 담근다. 불에서 내리고 식으면 냉장고에 1~2시간 이상 둔다.

④ 드라이 미니토마토
미니토마토, 소금 … 적당량

1. 미니토마토를 가로 절반으로 썰고 단면에 소금을 뿌린다. 120℃의 오븐에서 1시간 반~2시간 정도 건조시킨다.

⑥ 시마 락교 피클 (반미 1개 분량)
시마 락교 … 20g(약 2개)
피클액(P.91 ④ 참조) … 적당량

1. 시마 락교는 바깥쪽 단단한 껍질을 까고 고야 피클과 마찬가지로 살짝 데친 다음 피클액에 절인다.

chioben (치오벤)

시간이 지나도 맛있게,
평범하지 않고 독특하게

도시락 반찬 or 핑거 푸드 × 반미

베트남에 갔을 때 반찬이나 술안주를 빵에 끼워 반미를 만드는 것을 자주 보았습니다. 거기서 아이디어를 얻어 도시락에 자주 넣는 대표적인 반찬이나 케이터링으로 제공하는 핑거 푸드를 끼워 반미를 만들어보기로 했습니다.

우선 정해야 하는 건 주요 속 재료. 인기 메뉴 중에서 닭고기 흑초 조림(흑초를 사용한 새콤달콤한 닭고기 조림)이나 새우회 코리앤더 무침 등등 아시아의 맛을 담은 메뉴를 선택했습니다. 그 다음 고민한 것은 '어떤 페이스트를 사용하면 좋을지'였습니다. 베트남에서는 마가린이나 산미가 없는 마요네즈를 듬뿍 바르는데, 그 페이스트의 존재가 서로 다른 맛과 식감을 가진 여러 가지 식재료와 빵을 한데 모아주는 역할을 한다고 생각합니다. 게다가 페이스트를 빵에 바르는 덕분에 빵이 속 재료의 수분을 다 빨아들이지 못해 좀 더 촉촉하게 즐길 수 있지요.

고민 끝에 '닭고기 흑초 조림 반미'에는 이 조림을 만들 때 조려서 뭉그러진 고기와 생크림을 파테로 만들어 페이스트로 사용했습니다. 이렇게 '어떤 페이스트를 사용할까?'하고 다양하게 고민하는 것이 재밌게 만들고 맛있게 먹을 수 있도록 하는 포인트라고 봅니다. 참고로 도시락 반찬은 수분이 날아가지 않게 하는 것이 중요해서 그 점만 보아도 샌드위치의 속 재료로 잘 어울린다고 생각합니다.

또한, 반미라고 하면 초무침이 먼저 떠오르듯 씹는 맛이 좋은 것을 넣으면 좋겠다고 생각했습니다. 그래서 바삭하게 튀긴 돼지고기나 검은 무 초무침 등 아삭아삭한 식감과 주요 속 재료에 잘 어울리는 조합으로 구성했습니다. 그리고 여러 색, 식감, 맛을 균형 있게 잘 담아내어 시간이 지나도 맛있고 독특한 재미가 있는 등 평소 도시락을 만들 때 생각하는 중요한 점도 의식하여 만들었습니다.

PROFILE
야마모토 치오리

미대 졸업 후, 삿포로에서 정식 요리점을 4년, 그리고 여동생과 함께 「고향야 하루야」를 12년 운영한 후에 상경. 2011년부터 바를 빌려 판매하기 시작한 도시락이 호평을 받게 됐다. 가장 좋아하는 반미 속 재료는 두부 튀김에 레몬그라스를 섞은 것이다.

2종 춘권 반미

「치오벤」에서 빼놓을 수 없는 메뉴, 춘권을 넣어 만든 반미. 특히 인기가 많은 완두순과 치쿠와 어묵 춘권과 생햄과 배, 바질이 들어간 춘권 두 종류를 작은 브리오슈와 함께 도시락 상자에 담아 소풍 분위기를 냈다. 검은 무 단 식초 절임과 자색 배추 소금 절임이 맛과 식감에 악센트를 준다.

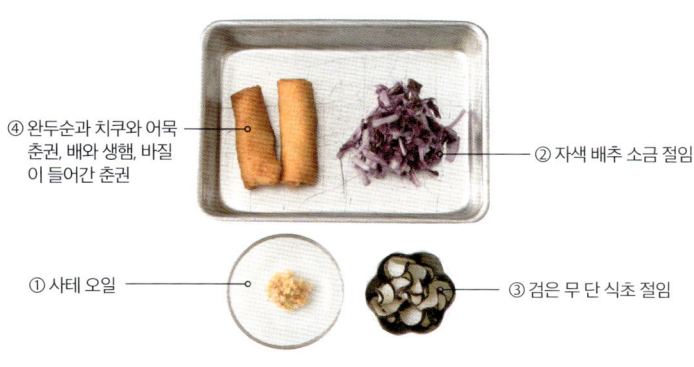

④ 완두순과 치쿠와 어묵 춘권, 배와 생햄, 바질이 들어간 춘권

② 자색 배추 소금 절임

① 사테 오일

③ 검은 무 단 식초 절임

닭고기 흑초 조림+닭고기 흑초 파테+당근 라페+고수

닭고기를 달콤한 흑초 소스로 조린 '닭고기 흑초 조림'은 「치오벤」의 대표 메뉴로, 바삭바삭한 크러스트가 있는 바게트에 커민 향이 나는 '당근 라페'를 함께 끼워 반미로 만들었다. 닭고기 흑초 조림과 생크림으로 만든 파테가 전체적인 맛을 잡아준다.

③ 당근 라페
① 닭고기 흑초 파테
② 닭고기 흑초 조림
④ 고수

무말랭이와 빨간 무 쏨땀+새우 페이스트로 버무린 튀긴 찰떡

아삭아삭 씹히는 무말랭이와 선명한 색을 자랑하는 빨간 무를 합쳐 태국 샐러드인 '쏨땀' 풍미로 맛을 냈다. 감칠맛이 듬뿍 배어 나오는 새우 페이스트를 묻힌 튀긴 찰떡과 함께 포동포동하면서도 부드러운 빵에 끼워 만든다.

④ 무말랭이와 빨간 무 쏨땀
③ 토마토(중간 크기, 슬라이스)
② 고야(여주, 반달 모양으로 썬 것)
① 새우 페이스트로 버무린 튀긴 찰떡

호박 검은깨 무침+튀긴 돼지고기

사방 7cm 네모난 식빵 하나를 통째로 쓴 반미. 따끈하게 튀긴 호박은 생강을 넣은 크리미한 검은깨 페이스트로 버무렸다. 바싹 튀겨 바삭한 돼지고기 슬라이스를 끼워 식감의 대비로 씹는 즐거움까지 잡았다.

① 적상추(찢은 것)
② 호박 검은깨 무침
③ 튀긴 돼지고기

새우회+코리앤더 소스+만백유

베트남 요리 중 새우와 포멜로 샐러드를 보고 아이디어를 얻어 만든 반미. 고수의 뿌리와 씨를 베이스로 한 소스를 새우회에 바르고, 포멜로처럼 굵직한 알을 자랑하는 만백유의 과육을 곁들였다. 갓 만든 채로 먹는 것이 맛있다.

③ 고수
② 만백유(얇은 껍질까지 벗긴 것)
① 새우회 코리앤더 소스 무침

chioben.

※분량을 특별히 기재하지 않은 경우는 만들기 쉬운 분량을 의미합니다.

2종 춘권 반미 (P.95)

④ 완두순과 치쿠와 어묵 춘권, 배와 생햄, 바질이 들어간 춘권 … 각각 1개

② 자색 배추 소금 절임 … 적당량

① 샤테 오일 … 적당량

③ 검은 무 단 식초 절임 … 적당량

① 샤테 오일
다진 레몬그라스 … 1작은술
쌀기름 … 1큰술
라유(고추기름) … 1작은술

1. 재료를 모두 섞는다.

② 자색 배추 소금 절임
자색 배추, 소금 … 각각 적당량

1. 자색 배추는 채 썰어 소금을 뿌린 다음 물기가 나오면 가볍게 짠다.

③ 검은 무 단 식초 절임
검은 무* … 적당량
단 식초 … 적당량
   미림 … 50ml
   설탕 … 1/2큰술
   쌀식초 … 1큰술
   소금 … 소량

*: 껍질이 검고 속은 하얀 무. 다소 단단하고 알싸한 맛이 난다.

1. '단 식초'를 만든다. 냄비에 미림과 설탕을 넣어 가열하면서 절반 이하 분량이 되도록 졸인다. 식히고 쌀식초와 소금을 섞는다.
2. 검은 무는 둥글게 편썰기 하고 100℃ 오븐에 15분간 넣어 가끔 위아래를 뒤집어서 건조시킨다.
3. 2를 단 식초에 2~3시간 절인다. 물기를 제거하고 사용한다.

④ 완두순과 치쿠와 어묵 춘권, 배와 생햄, 바질이 들어간 춘권 (반미 2개 분량)
춘권피(작은 것, 「모란봉」) … 4장
완두순 … 20g
치쿠와 어묵* … 1/2개
다진 생강 … 1쪽
소금 … 적당량
생햄(한입 크기로 썬 것) … 12g(약 2장)
배(한입 크기로 썬 것) … 1/16개
바질 잎 … 4g(2~3장)

*: 가운데에 구멍이 뚫린 긴 어묵

1. '완두순과 치쿠와 어묵 춘권'을 만든다. 완두순은 먹기 좋은 길이로 썰고 치쿠와 어묵은 채 썬다. 생강과 소금을 뿌리고 살짝 버무린다.
2. 춘권피 1장으로 1을 싸고 가장자리에 물을 발라 붙인다. 한 손으로 가볍게 모양을 잡아쥔 다음 춘권피 1장으로 한 번 더 싼다.
3. '생햄과 배, 바질이 들어간 춘권'을 만든다. 춘권피 1장에 배를 얹고 생햄을 포갠 다음 바질 잎을 찢어 얹는다. 2와 똑같은 방법으로 싼다.
4. 춘권을 다 싸면 곧바로 180℃의 튀김유(분량 외)에 넣고 바삭하게 튀긴다.

닭고기 흑초 조림+닭고기 흑초 파테+당근 라페+고수 (P.96)

③ 당근 라페 … 적당량
① 닭고기 흑초 파테 … 2큰술
② 닭고기 흑초 조림 … 3조각
④ 고수 … 적당량

① 닭고기 흑초 파테
닭고기 흑초 조림(오른쪽 기재) … 100g
생크림 … 4큰술

1. 닭고기 흑초 조림을 푸드 프로세서에 넣고 돌려 페이스트 상태로 만든다. 생크림을 넣고 한 번 더 돌린다.

② 닭고기 흑초 조림
닭 허벅지살 … 작은 것 2개(500g)
A | 설탕 … 8큰술
  | 흑초 … 120ml
  | 쌀식초 … 60ml
  | 진간장 … 30ml
  | 마늘(세로 절반으로 썬 것) … 2조각
  | 대파의 푸른 잎 부분 … 1줄기

1. 닭고기는 껍질을 벗겨 한 개당 5~6등분하여 썬다. 두꺼운 냄비에 A와 함께 넣고 강불로 가열한다. 한소끔 끓이고 약불로 바꾸어 국물이 없어질 때까지 1시간 동안 졸인다. 1시간이 채 되기 전에 국물이 졸아 없어질 것 같으면 물을 조금 더 넣는다.

③ 당근 라페
단 식초(P.100 ③ 참조) … 적당량
당근 … 적당량
자색 당근 … 적당량
커민 파우더 … 소량

1. 당근과 자색 당근은 슬라이서로 채 썰어 7:1의 비율로 섞는다.
2. 단 식초에 커민 파우더를 넣고 당근을 3시간 이상 절인다.

무말랭이와 빨간 무 쏨땀+새우 페이스트로 버무린 튀긴 찰떡 (P.97)

④ 무말랭이와 빨간 무 쏨땀 … 적당량
③ 토마토(중간 크기, 슬라이스) … 약 1개
② 고야(여주, 반달 모양으로 썬 것) … 5~6장
① 새우 페이스트로 버무린 튀긴 찰떡 … 떡 1개

① **새우 페이스트로 버무린 튀긴 찰떡 (반미 1개 분량)**

찰떡 … 1개
새우 페이스트 … 2큰술 이하
　다진 마늘 … 50g
　다진 생강 … 50g
　말린 새우* … 100g
　다진 대파 … 200g
　살라미(작은 것, 드라이) … 150g
　베이비 가리비(삶은 것) … 500g
　참기름 … 50ml

* : 뜨거운 물 200ml에 불린 다음 잘게 썬다. 불린 물은 보관한다.

1. '새우 페이스트'를 만든다. 냄비에 쌀기름(분량 외, 적당량)을 두르고 마늘과 생강을 볶아 향이 나면, 참기름 이외의 재료를 기재된 순서대로 넣고 넣을 때마다 잘 볶는다. 말린 새우를 불린 물을 넣으면서 냄비 옆면에 붙은 양념도 떼어내어 함께 졸인다. 푸드 프로세서에 참기름과 함께 넣고 돌려 페이스트 상태로 만든다.
2. 찰떡은 4등분하여 140~150℃의 튀김유에 넣고 속까지 잘 익을 때까지 튀긴다.
3. 2를 1로 버무린다.

④ **무말랭이와 빨간 무 쏨땀**

A　홍고추(생 것) … 1개
　팜 슈가 … 1큰술
　레몬즙 … 1.5큰술
　남플라 … 1큰술
　고수 … 적당량
빨간 무 … 70g
무말랭이(건조)* … 20g
말린 새우** … 1큰술
캐슈넛(부순 것) … 2큰술
다진 마늘 … 1쪽

* : 물에 불린 다음 물기를 꽉 짠다.
** : 물에 불린 다음 다진다.

1. 절구(있다면 태국 목절구 크록khrok 사용)에 A를 넣고 절굿공이로 잘 찧어 섞는다.
2. 빨간 무는 채 썰고 무말랭이와 섞는다. 1을 넣어 무치고, 그 외의 재료를 넣어 섞은 다음 45분 이상 둔다.

호박 검은깨 무침+튀긴 돼지고기 (P.98)

② 호박 검은깨 무침 … 5조각
③ 튀긴 돼지고기 … 6장
① 적상추(찢은 것) … 약 2장

② **호박 검은깨 무침**

호박 … 적당량
검은깨 소스 … 적당량
　버터 … 30g
　생강 … 30g
　설탕 … 2작은술
　생크림 … 100ml
　굴소스 … 2작은술
　검은깨 페이스트 … 2작은술
　레몬즙 … 1작은술

1. 호박은 껍질째 약 5mm 두께로 썬다.
2. '검은깨 소스'를 만든다. 프라이팬에 버터를 녹이고 생강을 볶는다. 향이 나면 설탕을 넣고 캐러멜 상태가 되면 생크림을 더한다. 보글보글 끓으면 굴소스와 검은깨 페이스트를 순서대로 넣어 섞는다. 프라이팬을 불에서 내리고 레몬즙을 넣어 섞는다.
3. 1을 150~160℃의 튀김유(분량 외)에서 바삭하게 튀긴다. 2로 버무린다.

③ **튀긴 돼지고기 (반미 1개 분량)**

샤브샤브용 돼지고기 목심 … 6장
남플라, 레몬즙 … 각각 적당량

1. 돼지고기에 녹말(분량 외)을 뿌리고 170℃의 튀김유(분량 외)에 넣어 바삭하게 튀긴다.
2. 기름기를 제거하고, 남플라와 레몬즙을 뿌린다.

새우회+코리앤더 소스+만백유 (P.99)

③ 고수 … 적당량

② 만백유(얇은 껍질까지 벗긴 것) … 적당량

① 새우회 코리앤더 소스 무침 … 적당량

① 새우회 코리앤더 소스 무침 (반미 1개 분량)
코리앤더 소스 … 2~3큰술
　다진 고수 뿌리 … 80g
　코리앤더 시드 … 1.5큰술
　다진 갓절임 … 80g
　쌀기름 … 약 2.5컵
　남플라 … 2큰술
도화새우(횟감용) … 4~5마리

1. '코리앤더 소스'를 만든다. 푸드 프로세서에 고수 뿌리와 코리앤더 시드를 넣고 돌려서 심지가 짓이겨지면 갓절임을 넣어 마찬가지로 심지가 짓이겨질 때까지 돌린다. 쌀기름을 조금씩 넣으면서 프로세서를 돌리고, 페이스트 상태가 되면 남플라를 넣고 섞는다.
2. 도화새우에 코리앤더 소스를 묻힌다.

팔러 에코다

씹는 맛이 좋은 바게트와 어울리는
힘찬 식감의 속 재료를 끼워요

베이커리 × 반미

처음으로 반미를 만든 것은 아다치 씨(이 책의 감수자)의 권유를 받아 이벤트에 참가했을 때였습니다. 정어리와 감자가 들어간 반미(우측 기재)를 만들었지요.

반미 샌드위치에는 부드러우면서도 '맛이 도드라지지 않는' 빵이 좋다고 하지만 저는 꼭 맞출 필요는 없다고 생각합니다. 맛있는 빵과 속 재료로 만들면 더욱 맛이 훌륭한 반미가 될 테니까요. 제가 반미에 사용하는 것은 수제 건포도 효모를 사용한 작은 바게트입니다. 껍질은 두꺼우며 아삭하게 씹는 맛이 좋고, 씹는 사이에 빵이 녹아 전분이 당분으로 변하여 입안에서 점점 단맛이 넘치도록 만들고 있습니다.

씹는 맛이 좋은 빵이어서 속 재료 역시 씹는 느낌이 좋은 재료를 쓰거나 두툼하게 써는 등 식감을 맞추었습니다. 반미는 여러 가지 맛, 식감, 향이라는 요소가 빵 사이에 끼워져 있습니다. 그러한 요소들을 얼마나 「팔러 에코다」답게 표현할 수 있는가'를 고민해 다섯 개의 반미를 만들었습니다.

중점으로 잡은 것은 '베트남과 「팔러 에코다」를 잇는 지점'이며 이것을 살려 반미를 속 재료를 정했습니다. 예를 들면, 카페에서 제공하는 오픈 샌드위치에 듬뿍 얹는 각종 허브, 가게 이름의 유래와 연관이 있는 오키나와와 베트남에서 먹는 돼지고기 소금 절임, 식재료를 고르는 데 있어 중요하게 생각하는 '지속 가능성'이라는 관점에 맞추어 양식해서 키운 베트남산 새우, 카페에서 베트남이나 이탈리아산 와인을 자주 사용하는데 이와 잘 어울리는 구운 정어리 등등. 의미있는 속 재료를 넣어 「팔러 에코다」만의 반미를 잘 만들어냈다고 생각합니다.

PROFILE
하라다 코지

대학 졸업 후, 회사원, 「ZOPF」(치바, 마츠도) 등을 거쳐 2006년에 개업했다. 2011년에는 코타케무카이하라의 보육원에 병설된 베이커리 카페 「마치노 팔러」를 개점했다. 신선한 허브의 상큼함을 잘 살린 반미를 좋아한다.

SHOP DATA
니시부이케부쿠로선 에코다역에서 걸어서 6분 걸리는 곳에 위치. 2015년에 상점가 변두리에 위치하는 현재 장소로 이전했다. 제공하는 메뉴는 직접 배양하는 발효종이나 수제 국산 밀가루 등을 사용한 40여 종이다. 카운터 좌석 4개, 테이블 좌석 8개의 카페 공간을 갖추고 있다.

도쿄도 네리마구 사카에초 41-7
03-6324-7127
8:30~18:00
화요일 정기 휴일(공유일은 영업, 대체 휴일 있음)

정어리와 감자 반미

메인은 고소한 향이 나는 정어리 소테. 쫀득하면서도 달달하게 저온 숙성한 감자에는 일본의 생선장 '요시루'를 뿌렸다. 금귤 껍질의 쌉쌀함과 향, 산미, 그리고 민트와 딜의 상큼한 향으로 다양한 악센트를 주어 한 입 먹을 때마다 신선함이 입안에 가득 퍼진다.

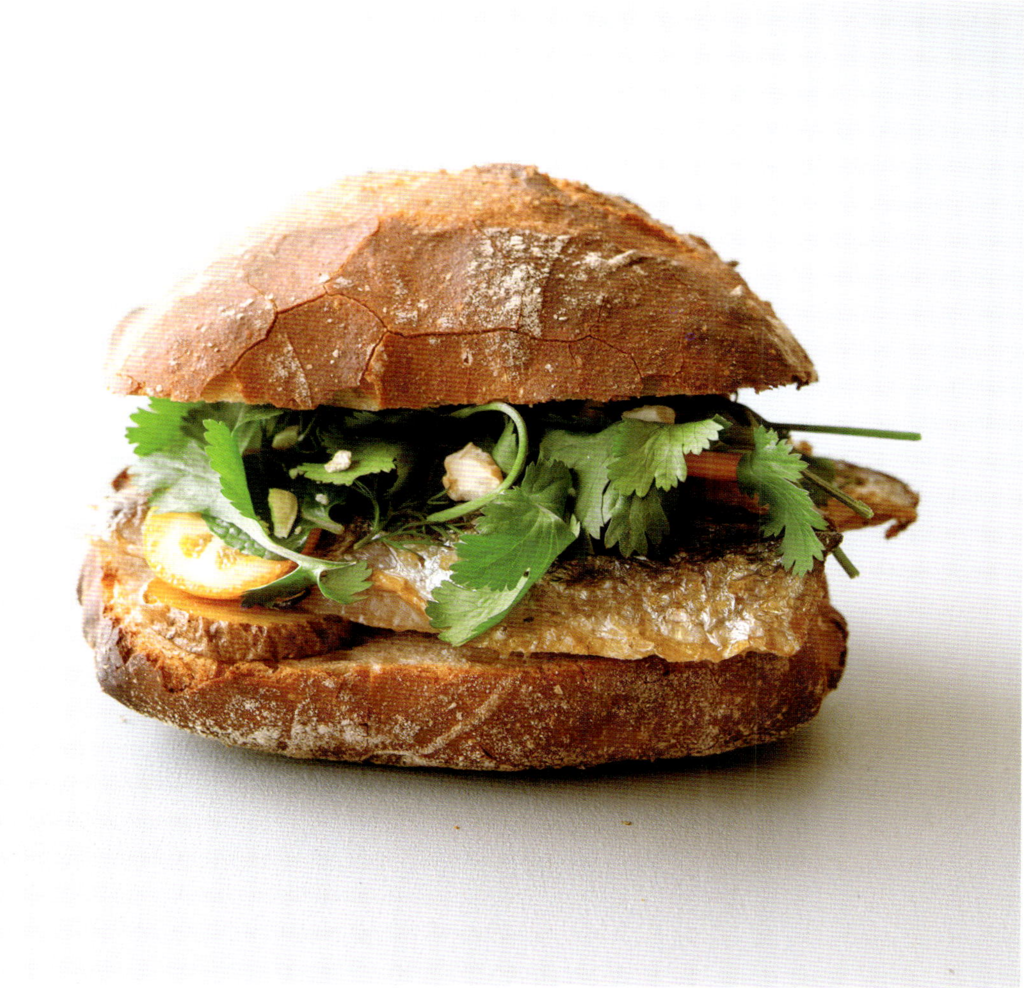

③ 금귤 슬라이스
① 로스트 포테이토
④ 민트, 딜, 고수
② 정어리 소테
⑤ 캐슈넛(굵게 부순 것)

④⑤
③
②
①

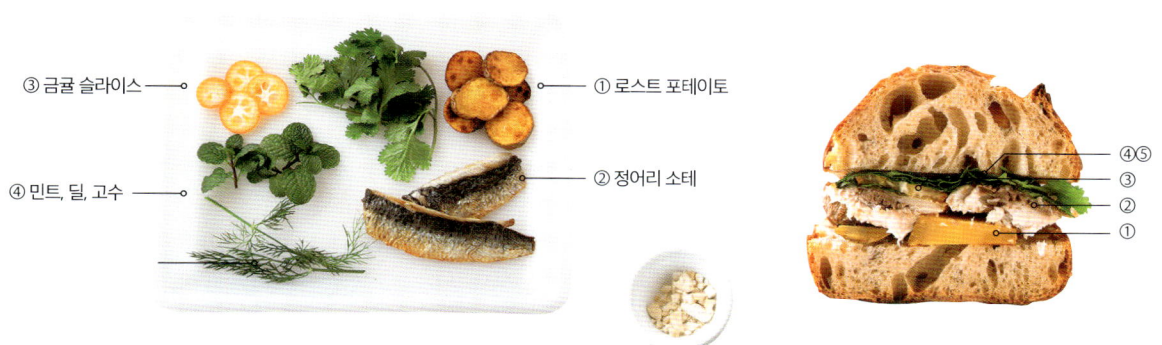

새우와 빨간 무 마리네 반미

유기농으로 키운 베트남산 새우가 주인공인 반미. 초무침에서 영감을 얻어 만든 빨간 무 마리네는 두껍게 썰어 씹는 맛을 살렸고 소금과 식초만으로 개운한 맛을 냈다. 큼지막한 속 재료를 고수와 요시루로 만든 페이스트가 잡아준다.

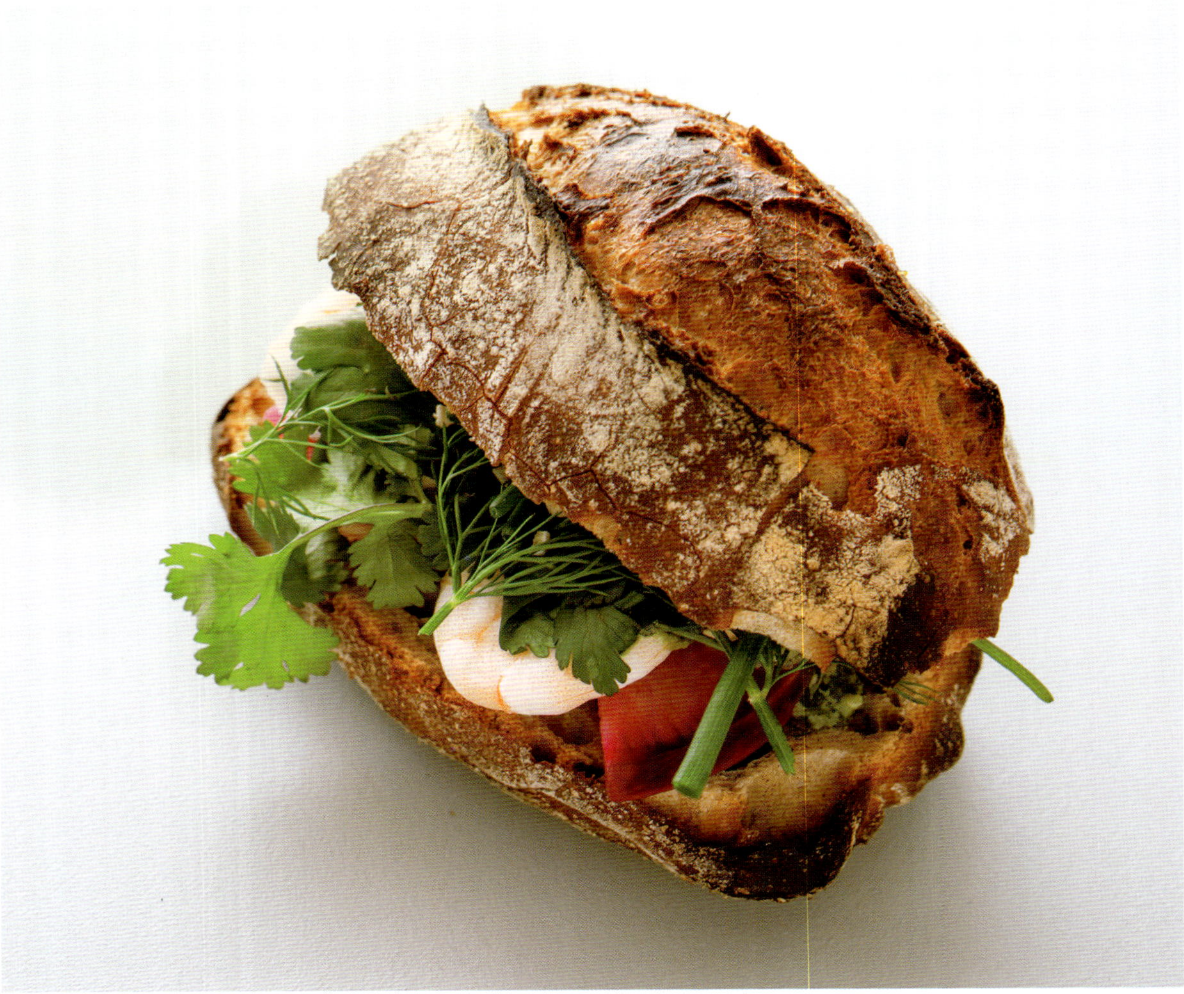

③ 고수 살사 베르데
④ 딜, 실파, 고수
② 찐 새우
⑤ 캐슈넛(굵게 부순 것)
① 빨간 무 마리네

④⑤
③
②
①

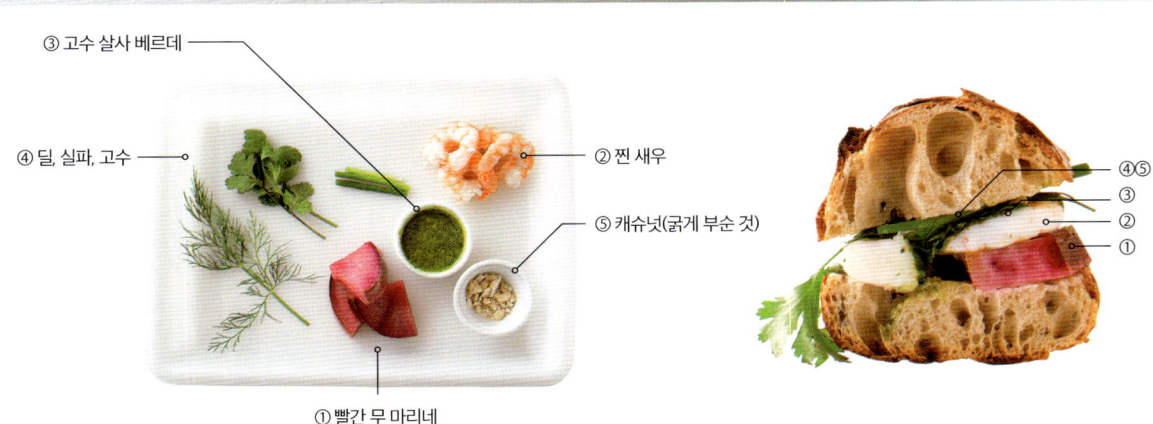

레몬그라스가 들어간 살시챠와 크레송 반미

'살시챠'는 이탈리안 소시지로, 내장에 속을 채우는 방식 외에 둥글려서 구워 먹는 방식도 대중적이다. 이 살시챠에 레몬그라스로 베트남 분위기를 더하고 일본의 생선장으로 양념했다. 크레송의 상쾌하고도 쌉싸래한 맛, 피스타치오의 감칠맛과 식감을 더해 화사한 풍미로 만들었다.

① 크레송
② 레몬그라스가 들어간 살시챠
③ 피스타치오(굵게 부순 것)

소고기, 쑥갓, 달걀 프라이 반미

소고기 전골 요리에서 아이디어를 얻은 반미. 소고기는 요시루가 들어간 달콤한 타레 소스에 재우고, 쑥갓은 소테로 만들고 캐슈넛으로 버무려 오독오독한 식감을 더했다. 계란 노른자는 반숙으로, 흰자는 바삭하게 구운 계란 프라이에는 숏츠루의 향을 입혔다.

④ 반숙 달걀 프라이

⑤ 숏츠루

③ 민트

⑥ 고수

② 소고기 소테

① 쑥갓 소테

⑤
④
③
②
①

바삭바삭 돼지 소금구이 반미

바짝 구운 돼지 소금구이는 베트남의 대표적인 반미 속 재료이다. 그린 파파야 초절임을 곁들여 돼지 소금구이를 먹는 오키나와 요리를 보고 아이디어를 얻었다. 돼지 소금구이는 일본의 생선장인 요시루와 산화 숙성시킨 이탈리아 와인으로 간을 맞추고 여러 허브를 넣어 풍미를 더했다.

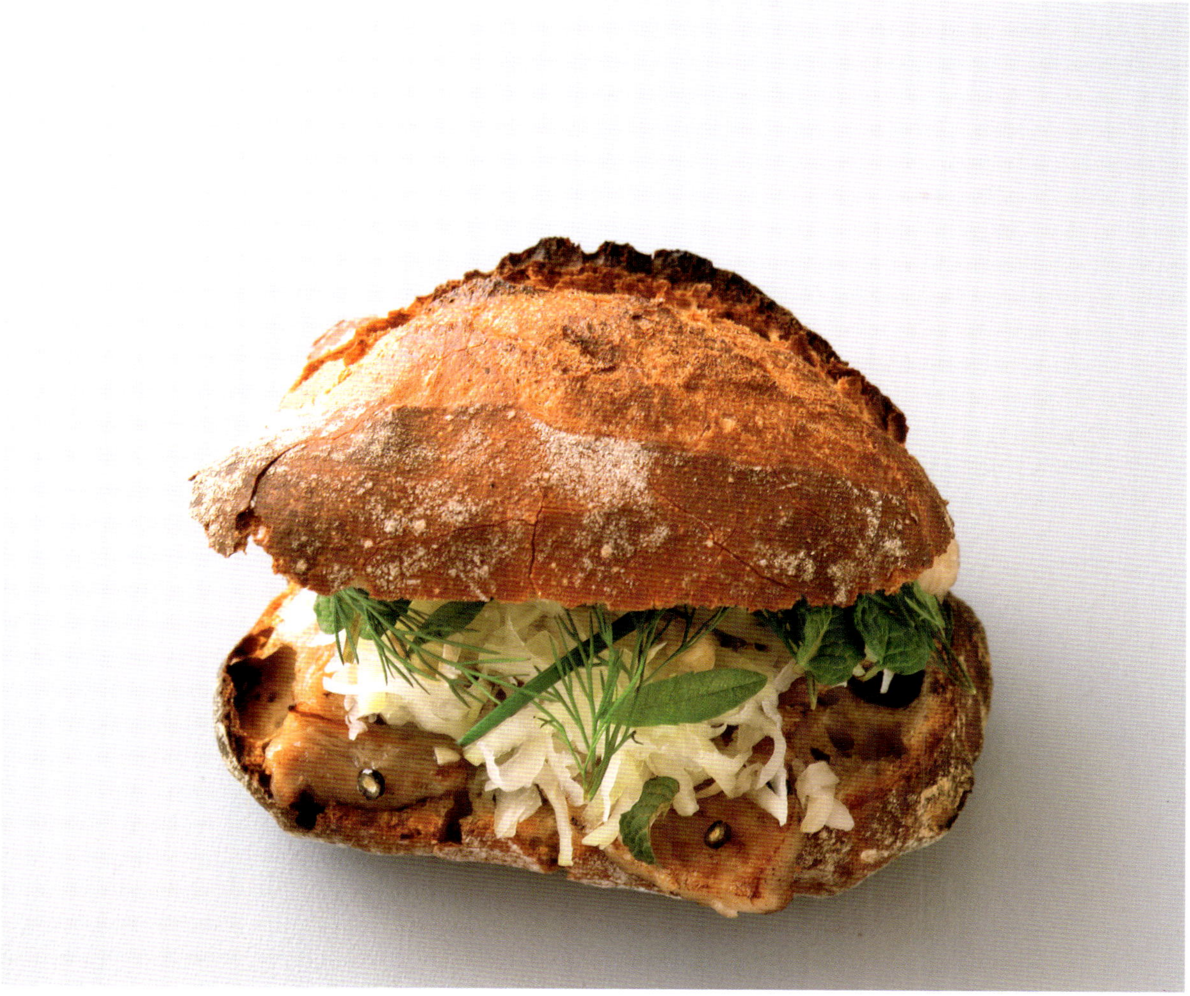

① 돼지 소금구이
③ 민트, 실파, 레몬 버베나, 딜
④ 검은 통후추(반으로 쪼갠 것)
⑤ 캐슈넛(굵게 부순 것)
② 그린 파파야 초절임

팔러 에코다

※분량을 특별히 기재하지 않은 경우는 만들기 쉬운 분량을 의미합니다.

정어리와 감자 반미 (P.105)

③ 금귤 슬라이스 … 1개
④ 민트, 딜, 고수 … 각각 적당량
① 로스트 포테이토 … 1개
② 정어리 소테 … 1마리
⑤ 캐슈넛(굵게 부순 것) … 적당량

① 로스트 포테이토
감자* … 작은 것 1개
올리브유, 요시루** … 각각 적당량

* : 저온에서 12개월 숙성시킨 「잉카노 메자메」 품종 사용.
** : 이시카와현 노토 지역 특산품인 정어리로 만든 생선장. 유한회사 「마에노」의 「요시루」를 사용.

1. 감자는 1cm 두께로 썰어 올리브유로 달군 프라이팬에 양면을 노릇하게 굽고 요시루를 뿌린다.

② 정어리 소테
정어리 … 1마리
소금, 올리브유 … 각각 적당량

1. 정어리는 석장 뜨기하여 살을 발라내고 양면에 가볍게 소금을 뿌려 20분 정도 둔다. 표면의 물기를 닦는다.
2. 프라이팬을 중불로 달구어 올리브유를 두른다. 1을 껍질 면을 아래로 두어 바삭하게 굽고, 반대쪽도 마찬가지로 굽는다.

새우와 빨간 무 마리네 반미 (P.106)

③ 고수 살사 베르데* … 약 1큰술

④ 딜, 실파, 고수 … 각 적당량

② 찐 새우 … 4마리

⑤ 캐슈넛(굵게 부순 것) … 적당량

① 빨간 무 마리네 … 3조각

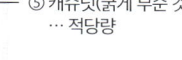

* 살사 베르데 : 스페인어로 '녹색 살사 소스'라는 뜻. '그린 소스'로도 불린다. 국가별 전통과 지리적 특성에 따라 만드는 방법과 재료가 다르다.

① 빨간 무 마리네
빨간 무 … 적당량
소금, 쌀식초 … 각각 적당량

1. 빨간 무는 껍질째 1~1.5cm 두께로 썰어 4등분 한다. 소금을 뿌리고 잠시 둔다.
2. 물기를 제거하고 쌀식초에 2시간 이상 절인다.

③ 고수 살사 베르데
고수 … 200g
페코리노 치즈(간 것) … 40g
캐슈넛 … 40g
요시루(P.110 참조) … 20g
엑스트라 버진 올리브유 … 약 120g
쌀식초 … 100g

1. 재료를 모두 푸드 프로세서에 넣고 매끄럽게 될 때까지 돌린다. 올리브유 양으로 굳기를 조절한다.

레몬그라스가 들어간 살시챠와 크레송 반미 (P.107)

① 크레송 … 약 1/3묶음

② 레몬그라스가 들어간 살시챠 … 2개(약 70g)

③ 피스타치오(굵게 부순 것) … 적당량

② 레몬그라스가 들어간 살시챠 (반미 약 7~8개 분량)

돼지고기(덩어리) … 500g
다진 레몬그라스 … 3줄기
요시루(P.110 참조) … 10g
올리브유 … 적당량

1. 돼지고기는 식칼로 적당히 잘게 썰어 레몬그라스와 요시루를 넣고 섞는다. 랩에 싸서 냉장고에 10시간 이상 둔다.
2. 1을 1개당 35g으로 둥글린다.
3. 프라이팬에 올리브유를 두르고 중불에서 2를 한 면씩 노릇하게 굽는다.

소고기, 쑥갓, 달걀 프라이 반미 (P.108)

④ 반숙 달걀 프라이 … 1개

⑤ 숏츠루* … 한 번 누른 분량

③ 민트 … 적당량

⑥ 고수 … 적당량

② 소고기 소테 … 100g

① 쑥갓 소테 … 3~4포기

*: 일본 아키타 지역의 생선장. 도루묵을 소금에 넣고 1년 동안 발효시킨 것.

① 쑥갓 소테

쑥갓 … 작은 것 3~4포기
올리브유 … 적당량
캐슈넛(굵게 부순 것) … 적당량

1. 프라이팬에 올리브유를 두르고 중불로 달군 다음 쑥갓을 가볍게 볶는다.
2. 캐슈넛을 곁들인다.

② 소고기 소테

소고기(취향에 맞는 부위) … 100g
A │ 요시루(P.110 참조) … 5g
　│ 굴소스 … 20g
　│ 물 … 10g
　│ 설탕 … 10g
다진 마늘 … 1쪽
올리브유 … 적당량

1. 소고기는 2~3mm 두께의 한입 크기로 썬다(슬라이스 사용 가능). A를 섞고 소고기를 넣어 5~10분간 절인다.
2. 프라이팬에 마늘과 올리브유를 넣고 중불로 가열한다. 향이 나면 1을 넣고 살짝 볶아 익힌다.

바삭바삭 돼지 소금구이 반미 (P.109)

③ 민트, 실파, 레몬 버베나, 딜 … 적당량
① 돼지 소금구이 … 약 100g
④ 검은 통후추(반으로 쪼갠 것) … 적당량
⑤ 캐슈넛(굵게 부순 것) … 적당량
② 그린 파파야 초절임 … 적당량

① 돼지 소금구이

돼지고기 목심(덩어리) … 적당량
소금 … 적당량
요시루(P.110 참조) … 적당량
베키오 삼페리(『마르코 데 바르톨리』) … 적당량

1. 돼지고기 목심에 소금을 듬뿍 뿌려 저미고 랩에 싸서 냉장고에 1주일 이상 둔다.
2. 흐르는 물로 약 1시간 정도 소금기를 빼고, 50분 정도 물에 삶는다. 약 5mm 두께로 썬다.
3. 프라이팬에 올리브유를 얇게 두르고 중불로 달군다. 돼지고기를 넣고 한쪽 면이 바삭해질 때까지 굽다가 뒤집는다. 반대쪽도 마찬가지로 굽는다. 요시루를 뿌리고, 베키오 페리를 뿌려 플람베*한다.

* : 조리 중인 요리에 주류를 넣어 단시간에 알코올을 날리는 조리법.

② 그린 파파야 초절임

그린 파파야 … 적당량
소금, 쌀식초 … 각각 적당량

1. 그린 파파야는 껍질과 씨를 제거하고 슬라이서로 채 썬다. 소금을 뿌려 버무리고 잠시 둔다.
2. 물기를 짜고 쌀식초에 3~4시간 이상 절인다.

베키오 삼페리 Vecchio Samperi: 이탈리아 시칠리아섬 마르살라산 와인이다. 같은 지역의 특산품인 주정 강화 와인 마르살라주와 같은 방식으로 만드는데, 알코올과 포도 과즙 첨가를 하지 않고 완성한다. 알코올 농도가 높고 알싸한 맛과 산미가 있다.

긴자 록 피쉬

반미는 '납작하게 눌러 먹는 빵'이라는 새로운 관점을 가져보는 건 어떤가요?

하이볼×반미

이번에 감수자인 아다치 씨의 부탁을 받아 처음으로 반미 메뉴를 고안해 보았습니다. 반미는 프랑스빵인데, 사실 프랑스빵 샌드위치는 베리에이션을 넓히기 힘듭니다. 식빵이라면 빵 귀퉁이를 그냥 둘 것인지 떼어버릴지, 토스트로 만들지, 어떻게 자를지 다양한 접근 방식이 있습니다. 그러나 프랑스빵은 어디를 어떻게 봐도

프랑스빵입니다. '이 포맷 안에서 얼마나 활용할 수 있을 것인가'가 핵심이라고 생각했습니다.

식빵만큼은 아니더라도 뭔가 색다르게 할 수는 없을까 생각하다가 그보다 반미를 반미답게 하는 요소는 대체 무엇인가 고민해보게 됐습니다. 그때 문득 떠오른 것이 '납작하게 누르는' 기법이었습니다. 반미의 대표적인 특징인 빵 껍질이 얇고 속이 텅 빈 베트남 프랑스빵은 가볍고 부드럽기에 꾹 눌러서 먹는 것이 가능합니다. 그래서 속 재료가 꽉꽉 들어차도 먹기 힘들지 않습니다. 다시 말해, '속 재료를 끼운 프랑스빵을 납작하게 눌러서 반미다움을 표현하는 게 어떨까' 하는 아이디어가 떠올랐던 거죠. 그래서 다섯 개의 반미 중 세 개는 속 재료를 끼우고 핫 샌드 메이커로 꾹 눌러 구웠습니다.

나머지는 술안주같은 메뉴를 고안할 때처럼 간단하면서도 반전과 임팩트가 있는 조합으로 구성했습니다. 찹쌀떡에 치즈를 합쳐 굽거나 프랑스빵에 카레빵을 끼워 굽는 것이지요. 또한, 크림치즈나 바나나처럼 빵과 속 재료를 이어줄 수 있는 재료를 사용하여 잘 어우러지도록 했습니다.

PROFILE
마구치 카즈나리

2000년에 오사카의 키타하마에서 록 피쉬를 개점했다. 2002년에 긴자에 출점. 얼음을 넣지 않는 하이볼과 간단하고도 독창적인 술안주가 큰 호평을 받았다. 하이볼과 통조림 술안주 붐의 공헌자. 가장 좋아하는 반미 속 재료는 일본 소고기와 두부 튀김.

SHOP DATA
바의 성지, 긴자에서 하이볼이라고 하면 제일 먼저 언급되는 유명한 가게. 2018년에는 긴자 지역 내에서 이전하였다. 이전 전의 내부 인테리어를 그대로 재현하여 변함없는 편안한 분위기를 제공하고 있다.

도쿄도 주오구 긴자 7-3-13 뉴 긴자 빌딩 1호관 7층
03-5537-6900
http://maguchikazunari.jp
월~금요일 15:00~22:30
주말 및 공휴일 13:00~18:00 / 정기 휴일 없음

찹쌀떡 치즈 반미

프랑스빵에 찹쌀떡과 녹는 치즈를 끼워 핫 샌드 메이커로 꾹 눌러 만들었다. 열기에 녹은 떡과 치즈가 쭉쭉 늘어나 비주얼도 매력적이다. 찹쌀떡의 달콤함과 치즈의 짭조름함이 의외의 시너지를 이루어 간식이나 안주로 먹기에 안성맞춤.

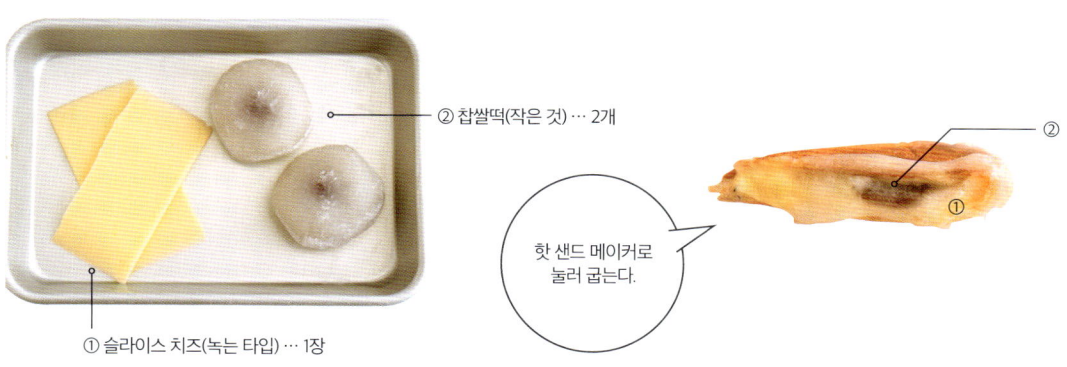

② 찹쌀떡(작은 것) … 2개

① 슬라이스 치즈(녹는 타입) … 1장

핫 샌드 메이커로 눌러 굽는다.

구운 카레빵 반미

카레빵을 끼워 핫 샌드로 만들었다. 핫 샌드 메이커로 꾹 눌러 따끈하고 바삭한 카레빵이 존재감을 과시한다. 소량으로 바른 홀 머스터드가 반미에 자연스럽게 녹아들면서도 없으면 안 될 포인트가 된다.

② 홀 머스터드 … 약 1.5작은술

① 카레빵(「생 제르맹」) … 1개

핫 샌드 메이커로 눌러 굽는다.

어묵 하토시 반미

베트남에는 새우살을 갈아 빵에 끼워 넣은 튀김이 있다. 홍콩에서는 이것을 '하토시'라고 부르며, 나가사키에서도 '싯포쿠 요리'라는 연회 상차림에 자주 오르는 메뉴이다. 여기서 아이디어를 얻어 고향인 에히메현의 특산품인 어묵 '자코텐'을 반미에 넣었다.

③ 어묵('자코텐') … 1장
① 마요네즈 … 약 1큰술
② 케첩 … 약 1큰술

핫 샌드 메이커로 눌러 굽는다.

바나나와 울외장아찌 반미

으깬 바나나에 울외장아찌와 슬라이스 치즈를 섞어 프랑스빵에 끼운 술안주용 반미. 촉촉하면서 달콤한 바나나와 장아찌를 치즈의 짠맛이 잡아주어 조화를 이룬다.

① 울외장아찌와 바나나와 치즈* … 적당량

섞는다.

* : 울외장아찌 30g은 먹기 좋은 크기로 썬다. 바나나 50g은 껍질을 벗겨 식칼로 가볍게 두드린다. 슬라이스 치즈 1장은 먹기 좋은 크기로 찢는다. 모두 섞어준다.

시바즈케 마스카르포네 반미

마스카르포네에 시바즈케(말린 무를 누룩, 설탕, 미림에 절인 채소절임)를 섞어 프랑스빵에 끼운 새로운 퓨전 반미. 시바즈케의 산미, 치즈의 부드러움이 어우러지며 둘 다 발효 식품이라 궁합이 좋다.

① 시바즈케 마스카르포네*

* : 시바즈케 6~7조각과 마스카르포네 치즈 2큰술을 섞는다.

연어 통조림 향라장 반미

국물과 함께 담긴 연어 통조림을 매콤하면서도 감칠맛 있는 향라장에 버무려 빵에 끼웠다. 곁들인 것은 고수가 아니라 셀러리 잎. 먹어본 것 같이 익숙하게 느껴지면서도 신선한 풍미에 자꾸만 먹게 되는 반미.

② 셀러리 잎 … 적당량

① 연어 통조림 향라장 무침*

* : 연어 통조림의 국물을 빼고, 취향에 맞게 향라장(고추와 화자오 등 다양한 향신료를 섞어 매운 맛과 이가 좋은 중국 조미료)을 섞는다.

Column

제빵 장인이 만드는 반미용 빵

이 책에서 취재한 가게 중에는 제빵 장인에게 특별 주문한 빵을 사용하는 곳도 있습니다. 여기서는 각 가게의 빵을 만드는 제빵 장인들에게 반미용 빵 만들기의 요령에 관해 들어보았습니다.

「에비스 반미 베이커리」의 빵

이시하라 켄이치 씨(「에비스 반미 베이커리」)

얇고 바삭바삭한 크러스트, 속 부드럽고 촘촘한 크럼, 속 재료의 맛을 도드라지게 해주는 겸손한 맛. 반미용 빵을 만드는 데 필요한 것은 40년 이상의 경력을 쌓은 제가 생각하는 맛있는 바게트와는 전혀 반대의 방식이었습니다. 지금까지의 경험과 기술을 살리면서도 '이런 것이야말로 프랑스빵(바게트)'이라는 고정관념을 버리고 처음부터 다시 생각해야 했습니다. 바게트라기보다는 뺑 드 미Pain de mie(식빵)를 만드는 것과 가깝다고 할 수 있습니다.

우선 볼륨감 있고 가벼운 생지를 만들면서 냉동해도 맛없어지지 않도록 드라이 이스트를 넣고 수제 르뱅Levain 액종(밀가루에서 만든 액상 발효종)과 전날 18시간 이상 재운 생지를 배합합니다. 밀가루는 프랑스빵용 준강력분 「리스도르LYS D'OR」(닛신 제분)을 베이스로 하고, 입에서 잘 녹고 씹는 맛이 좋도록 「세잔느」(오쿠모토 제분)를, 향과 맛을 깊게 만들기 위해 「키타노카오리 100%」(헤이와 제분)을 섞어서 쓰고 있습니다.

믹싱은 글루텐의 막을 자르는 것처럼 하여 '씹히는 맛이 좋은' 생지로 만듭니다. 증기를 많이 넣어 단번에 부풀어 오르고 몽실한 식감이 되도록 굽습니다. 또한, 바게트의 쿠프는 원래 면도칼을 눕히면서 칼집을 넣는데, 세워서 얕게 넣어 동그랗게 부풀리고 있습니다.

지금까지 만든 바게트와 비교해서는 말랑하고 부드러우며 가벼운 느낌이어서 개인적으로는 뭔가 부족한 느낌이지만, 대중의 입맛을 사로잡을 만큼 맛있게 만들어지고 특정한 가게에서만 맛볼 수 있는 특별한 반미, 빵으로 완성된 것 같아 만족스럽습니다.

(가게 소개→P.69)

「스탠드 반미」의 빵

쿠보타 나오야 씨(「터번 코너」)

제가 목표로 삼았던 빵은 껍질은 부드럽고 속은 몽실하면서도 씹는 맛이 좋은 빵입니다. 프랑스빵이지만 식빵에 가까운 식감이지요. 속 재료와 함께 먹는 빵이어서 조연 역할에 충실하고, 가볍게 데워서 먹을 때 가장 맛있어지는 빵이 되도록 신경 썼습니다.

사용한 밀가루는 바게트 등을 만드는 데 사용하는 하드 브레드용으로, 회분 함량이 높고 맛과 향이 좋은 홋카이도산 「TYPE ER」(에베츠 제분)입니다. 베트남이라고 하면 쌀을 떼놓을 수 없어서 쌀가루를 밀가루에 대비 10% 배합으로 맞추어 넣고 있습니다. 쌀가루를 많이 넣으면 쫀득한 감이 줄어들지만, 이 비율로 만들면 쌀가루와 밀가루 모두 적당한 쫀득함이 잘 살아납니다. 또한 설탕과 버터, 시로카미코다마 효모를 사용하여 촉촉하고 달달한 빵을 만들어냈습니다.

바게트와 마찬가지로 많이 반죽하지 않으면서 최종 발효는 긴 시간을 들이고, 높은 온도에서 구워 단번에 부풀어 오르게 하는 방법으로 씹는 맛이 좋은 빵을 만듭니다.

「터번 코너」
도쿄도 메구로구 카미메구로 1-5-7 / 03-6412-7644
※ 와인과 요리를 전문으로 하는 곳으로 수제 빵은 「스탠드 반미」에서 구입 가능.

「kitchen.」의 빵

야마모토 잇포(「코듀로이」)

'소프트 프랑스 같은 이미지의 빵'이라는 주문을 받았기 때문에 처음에는 버터와 설탕, 탈지분유를 넣어 부드럽게 만들었습니다. 그러나 몇 번 만들어보면서 껍질이 얇고 바삭한 식감으로 구우려면 배합은 단조롭게, 제법은 가볍게 하는 편이 좋다는 것을 깨닫게 되었습니다. 그래서 재료는 밀가루, 물, 소금, 드라이 이스트만 쓰게 됐습니다. 이스트는 하드 브레드치고는 다소 많게 배합하고, 반죽이나 펀치를 확실하게 해서 볼륨을 만들어 가벼우면서도 씹는 맛이 좋은 빵으로 만들었습니다.

재료는 들어가는 종류가 단조로운 대신 질에 공을 들였습니다. 밀가루는 회분 함량이 높고 맛과 향이 선명한 홋카이도산 프랑스빵용 밀가루 「LA LUNE(라 룬느) Type70 데미」(야마츄)를 사용했습니다.

반미에 대해 조사하고 먹어보면서 현지에서는 상당히 러프하게 만들고 있다는 사실을 알게 돼서 이제는 형식을 따지면서 만들지 않고 있습니다. 형태가 다소 동그스름해지거나 길이가 딱 맞지 않아도 그 편이 더 베트남다운 맛이 살아나는 것 같습니다.

「코듀로이」
도쿄도 에도가와구 미나미시노자키마치 2-3-4 선 파크 사이드 1층
03-6638-8303

Column

안짜이 문화와 반미

아다치 유미코

「아이치후쿠에지」의 반미 짜이. 오이, 초무침, 고수, 두부껍질과 버섯으로 만든 햄, 콩 고기 차슈를 끼웠다. 겉으로 보기에는 평범한 반미와 별 차이가 없다.

베트남에는 '안짜이ăn chay'라는 식문화가 있습니다. '안'은 식사를 하다라는 뜻이고, '짜이'는 정진이라는 뜻으로 간단하게 말하자면, 사찰 음식(육류 등 동물성 식품을 피하고 식물성 재료만 먹음)을 먹는 문화입니다. 인구의 70% 이상이 불교도인 베트남에서는 음력으로 1일과 15일, 월 2회는 안짜이의 날로 사찰 음식을 먹습니다. 또한, 소원을 빌기 위해 안짜이를 하기도 합니다.

안짜이 기간에는 생선으로 만든 느억맘을 사용하지 않고, 콩으로 만든 간장을 사용합니다. 엄밀하게 하면 양파나 파 같은 향이 강한 것도 금지입니다. 일반적으로 각 도시에 사찰 음식 전문점이 있으며, 시장에는 콩 등의 식물성 재료로 고기나 생선의 모양을 딴 반찬을 파는 가게도 있습니다.

반미도 예외는 아닙니다. 이전에 「아이치후쿠에지」라는 베트남의 절이 도쿄 이벤트에서 반미 짜이(안짜이 반미)를 판매한 적이 있었습니다. 그 반미가 정말 맛있어서 승려인 틱 뉴 탐 씨께 방법을 여쭤보았습니다.

그분은 두부껍질과 버섯으로 만든 햄, 콩고기 등으로 만든 차슈, 콩으로 만든 파테에 일반적인 반미에서 자주 사용하는 오이, 고수, 홍고추 등을 넣어 만들었다고 하셨습니다. 베트남에서 토마토소스는 보통 느억맘으로 맞추지만, 안짜이 기간에는 사용할 수 없어서 콩간장을 넣어 미림과 다시마로 깊은 맛을 냈다고 합니다.

반미 짜이는 베트남에서 사찰 음식 전문점 앞에서 팔리기도 합니다. 혹시 베트남에서 보게 되면 꼭 맛보세요. 그저 고기 흉내만 낸 요리라고 느껴지지 않을 만큼 그 맛에 깜짝 놀라게 될 것입니다.

Column

인도차이나 반도와 프랑스빵 샌드위치

아다치 유미코

캄보디아와 라오스에도 프랑스빵 샌드위치가 있다

베트남이 있는 인도차이나 반도에는 반미와 같은 프랑스빵 샌드위치를 먹는 나라가 또 있습니다. 그곳은 바로 캄보디아와 라오스. 이 두 나라는 베트남과 마찬가지로 옛날에 프랑스의 지배를 받았던 인도차이나 지역이었습니다. 식민지 시대, 프랑스인들이 현지로 가지고 온 프랑스빵이나 파테 샌드위치 같은 빵의 식문화는 현지 사람들 사이에서도 널리 퍼져 파테 외의 다른 속 재료를 끼워 먹는 샌드위치나 요리에 빵을 곁들여 먹는 등 발전하여 정착하였습니다. 두 나라 모두 여전히 베트남과 마찬가지로 파테 샌드위치를 먹고 있으며 캄보디아에서는 이를 '눔빵 파테'라고 부르고, 라오스에서는 '카오 치 파테'라고 합니다.

캄보디아와 라오스의 파테 샌드위치

눔빵 파테에서 '눔'은 가벼운 식사나 간식 또는 빵을, '빵'은 프랑스빵을 뜻합니다. '파테'는 햄류, 소시지류, 파테류의 총칭입니다. 빵은 베트남 빵보다 더 길고 끝부분이 두꺼우며, 속 재료는 베트남과 비슷하지만 빵의 절단면에는 달달한 버터를 바르고 잘라낸 빵 안쪽에만 고기 된장을 바르는 것이 특징입니다. 속 재료와 함께 빵을 접시에 담은 상태에서 줄 때도 있습니다.

라오스의 카오 치 파테의 '카오'는 본래 쌀을 의미했지만, 이 단어에서는 밀가루를 의미합니다. '치'는 직화구이한 음식을 뜻하는 것으로 '카오 치'라는 말은 빵을 뜻합니다. 파테는 베트남이나 캄보디아와 마찬가지로 프랑스어의 '파테'에서 유래하는 말입니다.

캄보디아에는 속 재료와 빵을 접시에 담아 제공하는 일도 많다.

취재 협력 / 이토 시노부(안콤), 요코스카 아이(올쿤 투어), 나가사와 메구미(팃차이태국 푸드)

특징은 다양한 속 재료를 넣는 점입니다. 빵에 끼워 먹는 속 재료로는 간 파테, 고기 된장, 오이나 실파, 고수 등의 채소나 허브, 얇은 계란 부침입니다. 베트남에서 주문하면 그 자리에서 바로 빵에 끼워주는 곳이 대부분이지만, 라오스에서는 미리 속 재료를 다 끼워 만든 빵을 봉지에 넣어 팔고 있는 곳을 쉽게 볼 수 있습니다.

라오스의 '카오 치 파테'. 다양한 속 재료가 들어간다.

비슷한 식문화의 세 나라

베트남에서는 '보코'라는 비프 스튜에 프랑스빵을 곁들인 요리가 있는데, 캄보디아에서는 비슷한 요리를 '눔빵 코코'라는 이름으로 즐기고 있습니다. 또한, 베트남에서는 동그란 쿠페빵에 아이스크림을 끼워 먹는 '반미 캡캠'(P.44)이라는 간식이 있는데, 캄보디아에서는 프랑스빵에 코코넛이나 딸기 아이스크림을 끼우는 '눔빵 가렘'이 있다고 합니다.

한편, 라오스에는 베트남인이 경영하는 반미 전문점도 많아서 사오마이(베트남의 고기 경단) 반미 등등 베트남 스타일의 샌드위치도 팔고 있습니다. 남부에는 고기 된장을 바른 샌드위치를 파는 가게도 있다고 합니다. 국물이 많은 고기 된장을 졸인 국물까지 함께 듬뿍 바르기 때문에 빵에 국물이 잔뜩 배어서 마치 고기만두를 먹는 식감이라고 합니다. 그 이야기를 듣고 떠올렸던 것이 바로 베트남 중부의 달랏에서 먹은 사오마이 반미였습니다. 사오마이를 삶은 국물이 수프로 곁들여서 나오는데, 여기에 반미를 적셔 먹습니다. 재료를 끼우는가, 곁들이는가의 차이는 있지만 빵에 고기 국물을 배게 하는 스타일은 모두 비슷합니다.

캄보디아의 최신 샌드위치 트렌드

캄보디아에서는 눔빵 파테 말고도 최근 유행하는 것이 바로 '눔빵 닷 사이'라는 샌드위치입니다. '닷 사이'는 고기를 넣는다는 뜻으로 양념을 발라 구운 돼지고기나 고기 경단, 소고기 꼬치구이 등 가게에 따라 끼워 넣는 고기 종류는 다양합니다. 빵은 눔빵 파테에 사용하는 것보다 다소 작은데, 주로 길이가 15~20cm정도 됩니다. 최근에는 이런 작은 프랑스빵에 고기 경단을 끼워 그걸 통째로 튀긴 것도 판매된다고 합니다.

식문화와 역사와의 깊은 관계

따지고 보면 프랑스 식민지 시대의 잔재였던 음식이지만, 그 후에 각 지역에서 독자적인 발전을 거듭하고 서로 영향을 주면서 계속 그 형태가 진화되고 있습니다. 그러나 같은 인도차이나 반도에 있는 나라라도 태국에는 반미와 같은 식문화는 없습니다. 그 이유는 태국이 동남아시아에서 유일하게 프랑스를 비롯한 유럽 및 미국 등 열강들의 식민지화를 피했기 때문입니다. 식문화로부터 세계 역사의 단편을 엿볼 수 있지요.

라오스에는 국물이 듬뿍 들어간 고기 된장을 프랑스빵에 끼운 샌드위치가 있다.

색다르게 즐기는 베트남식 건강 샌드위치
반미 샌드위치

1판 1쇄 펴냄 2020년 8월 10일

지은이 시바타 출판
감 수 아다치 유미코
옮긴이 김진아
펴낸이 정현순
편 집 고수인
디자인 전영진
인 쇄 한산프린팅

펴낸곳 ㈜북핀
등 록 제2016-000041호(2016. 6. 3)
주 소 서울시 광진구 천호대로 109길 59
전 화 02-6401-5510   **팩스** 02-6969-9737

ISBN 979-11-87616-90-0 13590
값 14,000원

파본이나 잘못 만들어진 책은 구입하신 곳에서 바꾸어 드립니다.